葉沛峰・柯南 評註

千里命稿

附呱呱集

韋千里 著

導讀

（一）初學者閱讀此書時可參考韋氏之《八字提要》與《韋千里命學講義》。

（二）此書非一般初學者能讀，因內文義理精深。

（三）術數研究員在閱讀此書之時，可試試自行為命例捉用神，拆局推算。

（四）《千里命稿》與《呱呱集》中的推算手法，多結合了《滴天髓徵義》與《窮通寶鑑》之學理。

（五）批算古人命例，應多加思考。在現代的話，這個八字會是什麼類型的人呢？

（六）韋公留有一手之處，柯南均加以評註闡述。

目錄

【下卷】呱呱集（名人命造篇）

偵探團學生的推薦信（一）

據說命理學衍生自六壬，東漢時有祿命之說，唐代已經十分流行，其中有李虛中的祿命術，用年月日的干支及以年干來論命，十分靈驗；宋代則進一步發展，有徐子平及徐升等名家輩出，用「年月日時干支」八個字及以日干來論命，體系已經成形，名著湧現，有《三命通會》及《淵海子平》等；清代則有《窮通寶鑑》、《造化元鑰》、《子平真詮》、《命理約言》及《滴天髓》等名著，特別是《滴天髓》更被喻為「八字聖經」，學命者必讀之書。

余自二零零四年首次接觸玄學，曾遍讀工聯會課程，並進修導師的私人班，其後更多進修坊間老師課程，所費不菲，當中不乏名師，真材實學，得益匪淺；但更多的是濫竽充數，徒有虛名，誤導學生，或怕學生學懂後會超越老師，故意隱瞞重要部分，非要付巨款成為徒弟後才肯教授；更要命的是當中暗滲假料（放流料）貽誤蒼生。玄學界的亂象，令人惋惜。

說了那麼多，無非是十分欣賞及感謝葉老師，他年紀輕輕，卻對八字命理有很深學養，遍讀群書，經驗豐富，更可貴的是肯教，言之有物，不會誤導蒼生，不受玄學界的亂象所左右。中國自民初出現徐樂吾、韋千里等大師，現代玄學界缺乏真正無私的人才，我相信老師假以時日會成為明日大儒。

記得初跟葉老師學習時，老師重申要細讀《子平真詮》、《造化元鑰》及《命理一得》等書。坦白說，我們看得似懂非懂；但隨著課程漸漸地深入，我們也開始明白書中論述，化整為零地學習命理分析已三年多了，總算可以正式入門，雖然距登上八字命理的堂奧。

今葉老師出版著作，學生無比高興，希望早日付梓，學生可以先睹為快。在此祝賀老師身體健康，玄學造詣精進，早登玄學大儒之境！

學生忌廉劉（前某中學副校長 劉志業）

壬寅年季春

偵探團學生的推薦信（二）

余自一九八七年開始接觸玄學，於工聯會學習風水和八字，自此對玄學術數產生了濃厚興趣。高峰期更是一星期七天晚上都學習不同的術數科目，時至今日仍在學習，可算是資深的術數研究員。

回想起以往學八字的歷程，最少都跟過超過二十位八字老師學習。最初是於一九九六年跟陳師傅學習朱派的身強身弱八字法，後來覺得在八字學理上頗有缺失，故再於千禧年間在鼎大跟卓宏老師學習八字。後來更和朋友一起跟台灣師傅學習八字時空卦，故對於各派系的八字技法都算是有一定認知。

然而學而後知不足，在研究八字古書時，如《窮通寶鑑》及《子平真詮》等書籍，在解讀時總是有點摸不著頭腦的感覺。當時余已學習八字接近二十年……難道古書真的是攔路虎嗎？

直至二零一八年十月在朋友介紹下跟從葉師傅學習古法八字，至今已有五年多的時間。葉老師在解讀八字古書如《造化元鑰》、《滴天髓》、《子平真詮評註》及南袁北韋東樂吾系列八字書確實有他師承一脈之真訣及獨到見解。故此令余大為佩服（因葉老師是我跟過最年輕的師傅，但博覽古書，熟讀八字古書）。

余今年剛好是花甲之年，葉老師出版慧南堂系列的古書系列，學生當然感到高興。在此祝賀老師事業更上一層樓，為九運的玄學界增添新力軍！

資深學員 柯榮堦

癸卯年 仲春

偵探團學生的推薦信（三）

本人自八十年代初於香港開始研習風水命理，在機緣之下成為已故風水名師林國雄師傅的入室弟子，隨師學習風水、命理、面相、掌相等多種玄學知識。其後再跟隨多位玄學老師，繼續深入學習研究。

在這個下元運中，有不少玄學界師傅冒出，我也曾遇過一些有名而無實的師傅，還在說身強弱的，大有人在，有時回想都會不禁一笑。是否能遇上真正的名師，真的要看您運氣如何！

二零一八年末，有朋友告知有一位年青小伙子出來教八字，更教得有紋有路，在好奇之下我就報讀了他的一個課程。這小子果然沒令我失望，他一開始就說明了十干性情及季節的干性所需，來找出命中用神所在，當時的他還在進修之中，年紀還未到三十，卻如此醉心鑽研八字，見解精闢，實屬難得。

我最喜歡的，是葉老師童叟無欺、實事求是的教學方式，為人充滿正能量，經常帶給大家歡笑，有別於坊間嚴肅沉悶的教法。

這位亦師亦友的葉老師，值得推薦給有興趣學習命理的朋友們，無論是其著作或課程，讀完必有裨益。本人亦一直跟隨他鑽研八字命理呢！

在此祝願他的玄學造詣步步高陞！

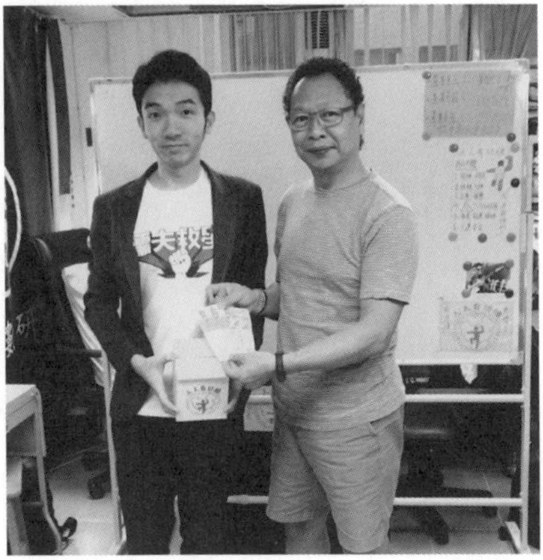

資深學生 黃瑞強

癸卯年 暮春

偵探團學生的推薦信（四）

自工聯會開始接觸玄學學習風水、手相、面相、易經、紫微斗數和不同派系的八字課程等，至今已有廿九年之久。玄學術數是一大學問，除了就讀不同課程，我也孜孜不倦閱讀相關書籍，近三十年來每天仍在學習中，勉強可自稱為資深的術數發燒友，對於各派系的八字技法都有一定程度的涉獵。

然而，八字古書如《窮通寶鑑》、《子平真詮評註》及《滴天髓徵義》等書籍內容艱澀，單靠自學難以理解。

命理學習是需要契機與緣份的。直至二零二二年在偶然機會下跟從葉師傅學習古法八字，至今已逾一年了。葉老師在解讀上述之八字古書及南袁北韋東樂吾系列八字書確實有他師承一脈之真訣。他的真才實學給我明燈指引，令我大為佩服。葉老師是一位年輕的師傅，但博覽古籍，古文根底扎實，記憶力佳，反映了他對八字的專精及熱誠。

不少人認為八字解說多是倒果為因的馬後炮，其實命理的特性是其不確定性原理。它為我們提供了及早規劃，令大家能知所進退，趨吉避凶，宿命中帶點玄機及希望，為我們作抉擇時提供方向。

是次葉老師出版慧南堂古書系列，作為八字同好，當然感到興奮，感激他對玄學界作出的貢獻。

在此祝願葉老師精深造詣為今玄學界增添新力量，並在八字領域繼續發光發亮！

大學講師 陳達源

癸卯年 初夏

葉沛峰・柯南自序

現今大數據時代，現代社會科學昌明。大凡做事都需要有科學根據或是統計學支持。我國的陰陽五行生剋制化與氣數進退之學說，現今之人視之為空談。蓋命運二字，實屬虛無縹緲，玄之又玄矣。

子平八字祿命之學，實起源於古三式之大六壬神課。八字解盤推理之法則與六壬之三傳四課論吉凶相似。皆不外乎五行生剋制化刑沖破害與神煞之結合以通神明之變。古論祿命五行早於宋代李虛中所著的《命書》與明朝萬民英所撰的《三命通會》最廣為泛閱。

余凡星命之書無不涉獵，因流溯源。民國韋公千里所著《千里命稿》名重一時。柯南翻閱書中命稿內容，意理極深，韋氏結合運用《滴天髓》與《窮通寶鑑》之手法更驚為天人。可說是韋氏八字系列中手法最高深的一本書（惜乎韋氏在學理上，故意藏頭露尾，後人多不理解，故柯南加以評註。）

由柯南評註的《千里命稿》，附上校補的《呱呱集》.，寄望南袁北韋東樂吾的八字命學著作可傳於後世。

南海 葉沛峰・柯南 序於香江

癸卯年孟春

【上卷】千里命稿

柯南評註

韋千里序言

祿命之學。由來已久。如言數理者。言星辰者。言子平者。以常情測之。僉依據於子平一書。夫命可信乎。唐呂才有言。長平坑卒。曷嘗共犯三刑。南陽貴人。未必盡逢六合。命不可信乎。南史沈攸之嘗言。早知窮達有命。恨不十年讀書。故孔子五十而知天命。孟子曰莫非命也。順受其正。是以知命者。不立乎巖牆之下。然則命之可信與否。其精微奧妙。寂靜感通。誠不易言也。吾儕讀古人書。研摩命理。無非求際遇之順利。聲譽之暢達。素位而行。有從不背。要皆修身之一助耳。丁茲人心澆薄。世道衰微。講求命運。更應趨吉避凶。免非就是。為當務之急。余不敢謂知命。祇謂評命而已。溯行道以還。所見富貴之命固多。窮賤之命。實亦不少。茲特先集百餘則。公諸同好。並加批註。藉為研究之資。至因革損益。論短評長。皆折衷於典籍。若云創作。則吾豈敢。

如蒙巨碩宏文。進而教之。更幸甚矣。

民國乙亥年（1935）夏日

浙江嘉興韋千里 謹識於春申寓次

千里命稿 001

庚	戊	甲	丙
寅	寅	子	寅

日（甲子）

八歲 己卯
十八 庚辰
廿八 辛巳
卅八 壬午
四八 癸未
五八 甲申

此為粵省某主席（陳濟棠）造。固多過人之處。八字純陽也。天干三奇也。地支聚祿也。又拱雙貴也。而干頭食神生財。財資七殺。支下祿印扶身。標本兩停。尤為貴象。即以五行論。窮通寶鑑曰。正月甲木。癸藏丙透。名寒木向陽。主大富貴。亦恰到好處耳。齊魯戰爭時。有勇將名楊化昭者。其八字為：庚寅、戊寅、甲戌、丙寅。較諸此造。

僅子字易戌字。不過軍伍常流。曇花一現。蓋五行絕水。木不得養。庸有濟乎。以視此造之開府天南。蜚黃騰達。判若天壤矣。

柯南評註：

此為兩江總督陳濟棠先生之命。陳公的命經常出現在徐樂吾的八字書籍系列中（如《造化元鑰評註》、《古今名人命鑑》……）。

韋公千里批注極佳，明確指出甲木日元生於寅月須見丙火和癸水，方為上上之格。並指出齊魯戰爭中的楊化昭八字為將甲子日換為甲戌日與陳造作比較。甲木於寅月，缺水調候；所謂調候不足難臻上品。格局大為下降，只為普通軍長。可見八字中一字之差，天淵之別矣。

由此可見，甲木日寅月喜丙癸，即是水火既濟之功。《滴天髓》云：「真神得用平生貴，用假終為碌碌人。」用丙是真神，如用丁火／午火便是假神，即是碌碌人（普通人）之命了。

如果純用坊間身強喜食傷，身弱用印比的方式論命……便難以理解甲木日元寅月既喜食神（丙火）又喜正印（癸水）的古法子平論命方式。

千里命稿 002

年	月	日	時
庚	甲	甲	甲
寅	申	申	戌

三歲	乙酉
十三	丙戌
二三	丁亥
三三	戊子
四三	己丑
五三	庚寅

辛未之秋。袁子寒雲逝世。士林惋惜。鄭正秋君以其八字詢余。余曾答諸新聞報新園林。言曰。初秋三甲。雖不得令。卻得其勢。庚金七殺。既旺且盛。堪謂身殺兩強。惟乏火之制殺或印之化殺。大為缺點。是以豪放不羈。崛強寡合。雖燕許文章。機雲才藻。未獲顯貴。抑鬱以終。行運僅丙戌丁亥之二十年。較為優良。名山事業。以此最宜。

再後即夢幻泡影矣。辛未流年。官之混殺。又甲木入墓。縱不至修文道山。亦有勃然他變。孟子曰。莫非命也。誠哉是言。先獲我心矣。

柯南評註：

韋公開首先申述申月為甲木之絕地，但天干三甲通根於寅，日元可謂失令而得勢，更有當時的庸師稱之為身殺兩挺之格局。韋公明確指出當殺旺攻身的情況下，必須在八字中找食傷制殺或是印星化殺。但無如天干與地支主氣均欠水火，只有申中藏元有壬水及寅中有丙火。正合《滴天髓》云：「巍巍科第邁等倫，一個元機暗裏存。」即是吉神暗藏，須待運引出才是用神有情有力（《子平真詮評註》中的有情無情）。

袁寒雲本名袁克文，為軍閥袁世凱之次子，被稱為民國四公子之一。丙戌與丁亥大運引出用神丙火／丁火，格成食神制殺。期間反對其父袁世凱稱帝並出走上海，並加入青幫廣收門徒。但最終由於格局所限人生無大成就，病逝於戊子運辛未年辛卯月（陽刃沖合歲君之月份）。

千里命稿 003

甲	丁	日 甲	庚
戌	卯	申	午

八歲	戊辰
十八	己巳
廿八	庚午
卅八	辛未
四八	壬申
五八	癸酉

或有詢余者曰。八字亦有所謂精神飽滿者乎。余曰有。或又請益曰。奚以知其然。余曰。此誠難言之矣。蓋祇可以意會。不可以言傳也。爰將上列一命剖之。此乃余友人之子。甲生卯月。為至旺之鄉。時透庚金。得祿於申。斧鑿功深。樑棟成矣。月頭丁火。得祿於時。欣發木氣。璀璨成章。身既旺。殺又強。傷更健。兼以午申夾未財。點綴得宜。豈非如人之神清氣爽。精神飽滿者乎。月刃用殺。殺有傷制。舒配既美。行運亦無阻畏。

蓋逢土為財。非身強所忌。逢火制殺益力。逢水則印以化殺。各盡其妙。誠無間言矣。是命雖格局平常。卻遠勝奇格異局之上。茫茫人海中。能有幾許耶。

柯南評註：

此造屬千里友人之子，為庚金劈甲引丁火之美格。卯月甲木先庚次丁，此造可謂應有盡有。千里更指出午申夾拱未土，未為甲日之天乙貴人財。亦即暗示此造以庚金七殺為用神，喜財星滋殺。為殺刃格。

而精神飽滿四字，則形容此造是高格局之貴命。

《滴天髓》云：「局中顯奮發之機者，神舒意暢。」觀八字之情意有如山水巒頭之配合，龍穴砂水各方配合有情，便是結穴的基本條件，非文字或數式可以量化作表達。

韋公最後道出正格論命的八字，只要集齊該日元的干性所需。格局級數多半高於一般雜格（如六陰朝陽格／六甲趨乾格／壬騎龍背格……）等。

柯南在此溫馨提示一下各位讀者，試試找出身邊的朋友，有哪個原局八字的天干有：甲庚丁？乙丙癸？……相信為數不多吧，因為富貴命造平均一千人都沒有一個。

千里命稿 004

時	日	月	年
甲	甲	辛	乙
子	辰	巳	丑

十歲	庚辰
二十	己卯
卅十	戊寅
四十	丁丑
五十	丙子
六十	乙亥

近閱西方報章。盛載英皇喬治第五世之傳略。余以其生辰譯為夏曆。演成命局（排列如上）對照其事歷。頗有不爽者。夫甲木日元。子辰水局。巳丑金局。為官印相生。干透辛金正官。自是大貴之格。冠冕堂皇。統馭萬民。固所宜也。據傳十五歲至十八歲。環游世界。念五歲管帶海軍魚雷艦。此時正交辰己財運。自應超拔出塵。竿頭日進。廿

六歲患傷寒症甚劇。廿七歲乃兄逝世。卯運劫刃之故四十六歲交丑運。財貴之途。已應發越。益以四十七歲辛亥年。又屬正官之鄉。果於是歲登極。入承大統。足徵命之可信矣。現行甲運。身太重。官較輕。未許樂觀。余本不欲批外國人之命。惟於髫齡時。嘗讀西史。深悉歐美風化。亦頗信運會之說。以中國命學。推證英皇之造。蓋冀研究世界文學者。進而教之焉。

柯南評註：

古訣云：「木火傷官官要旺，夏木喜水。而水喜金生，否則水涸無源。」此命金水兩旺，而以水為用神。為夏木傷官配印之正格。運喜金水之鄉。所以於官印兩旺的辛亥年登基。

千里命稿 005

時	日	月	年
	日		
庚	甲	丙	壬
午	午	午	午

五歲	丁未
十五	戊申
廿五	乙酉
卅五	庚戌
四五	辛亥
五五	壬子

或謂地支一氣。類多貴格。然亦不可盡信。如上列之造。為江西文學家梅君命也。

地支純午。卻屬一世清貧。蓋火熾木焚。壬水制不住。庚金任不住。勢大適為我敵。勢小難為我用。宜其相如壁立。季子囊空。送窮有文。點金乏術。惟八字純陽。落落寡合。孤芳自賞。固是書生本色。早年聞術家言。辛運合丙。羈絆旺神。應見飛黃騰達。詎料行入辛運。丁卯年忽得瘋癱之症。貧而且病。良以辛運本不為劣。歲逢丁字。又剋出辛金故也。近行亥運。較前豐裕。預卜其壬運可更進一步。子運沖午。滴天髓所謂旺者沖衰衰者拔。衰者沖旺旺者發。為禍之烈。不可收拾矣。

又友人胡君八字。為庚寅、戊寅、戊寅、甲寅。地支純寅。但殺重制輕。殊為缺憾。供職財政部。運至巳火。化殺功深。由主事而升次長。迨及壬運。黨殺之故。一落千丈。午運雖亦化殺。終以壬水蓋頭。屢起無成。近年來愈趨窮困。恐其甲申大運。更有屋漏兼逢連夜雨之苦也。

柯南評註：

江西文學家梅先生之造為夏木傷官之變格，《滴天髓》：「從兒不論身強弱，只要吾兒又見兒。」唯此造屬假從兒格，因天干有壬水逆其旺神（火），故此只屬窮書生之造。至於衰者激發旺神，為夏天火旺之命的常見形態，激發旺神以不行金水運為佳。

至於戊寅日之胡君造，用神應為寅中丙火。殺旺攻身之命忌行財運，訣云：「殺旺再行財，官非日日來。」

千里命稿 006

辛	辛	日 甲	癸
亥	丑	午	酉

七歲	壬寅
十七	癸卯
廿七	甲辰
卅三	乙巳
四七	丙午
五七	丁未
六七	戊申

此南京杜靄簃先生次女公子。錫貞女士之命也。杜公歷任南匯江陰江浦等縣知事多年。近有某君為女士作良媒。與某公子撮合。杜公深悉敝友蔣君精於命理。請其推算而決焉。邇因蔣君與千里探討命理。昨蒙將女士並婿之庚造開示。謬陳芻蕘於次。本命財旺生官。而官星太旺。透印以解。乃得中和之氣。午中傷官甚妙。是救病之藥也。運行

木火相宜。金運大忌。合乾造而觀之。洵是天成佳偶。可見杜公擇婿之目力不差。蓋婿命為戊申、甲子、戊戌、戊午。戊土生於子月。四柱火土重重。身強財旺而煞透。富貴之命也。年座文昌。學藝定許出眾。時逢羊刃。七煞遇之為奇。子午相沖。妙有申戌調解。當品性極忠實。意志傲強。行運忌走火土。水木最利。

柯南評註：

寒木向陽，丑月之甲木宜用丙火解寒，惜乎此造只有午火作調候用神。故此取午火傷官為用神。古代女性以賢良淑德為美，但日坐傷官好罵夫，有印星制傷官以得中和之氣。《滴天髓》：「氣靜平和婦道章，三奇二德虛好語。」（適逢天乙貴人在月令，為喜用神。但略嫌亥丑拱子沖午，用神被暗沖。不見之形，無時不有的八字，當以氣聚之局更為美。）

千里命稿 007

時	日	月	年
乙	乙	壬	乙
酉	巳	午	未

（日）

八歲	辛巳
十八	庚辰
廿八	己卯
卅八	戊寅
四八	丁丑
五八	丙子

此為某名將之命造。天干乙木三朋。妙得壬水涵養。不畏巳午未旺火之洩氣。既濟功成。無慮亢燥。無憂偏枯。桓桓武士。矯矯虎臣。豈多讓於古之起、翦、頗、牧、哉。或謂戊運剋壬。何以迭奏膚功。不知命以火炎為病。壬水僅可養木。不能制火。既見戊土之化火。則火患除矣。中間流年。又多水木。壬不受戊之傷害。立勤王之勳。建不朽

之功。宜也。此後寅丁兩步。碌碌無成。丑運為溼土。足以晦火。則豐功偉烈。當更有甚於今日者。勉之哉。

柯南評註：

韋氏批算此命為木火傷官之變格，調候用神以水為用神。但格局用神因火食神傷官聚氣結局，取未土偏財星為用神。故此命喜金水之大運。

寅運如遇木旺之年，容易成群比爭財劫走財星用神，故此碌碌無成。丑運濕土晦火生金，屬夏天調候與格局之用神集結。加上月令真神丁火透出，真神得用平生貴，用假終為碌碌人；故為最佳之運。

千里命稿 008

		日	
庚	丙	乙	乙
子	戌	亥	酉

四歲	丁亥
十四	戊子
廿四	己丑
卅四	庚寅
四四	辛卯
五四	壬辰
六四	癸巳

此為某軍長之命。《滴天髓》闡微云：「弱者宜生。弱之極者。宜剋而不宜生也。所謂虛則補其母。是以秋木凋落。宜金而不宜水也。」又曰：「太衰宜剋。衰極宜洩。」依此而論。本命乙木日干。生於立冬前十日。土王用事。身坐死地。時歸絕處。年逢病鄉。所依以生存者。賴有戌支身庫。及時干比肩。雖日衰弱。尚未臻極地。宜剋而不宜洩也明矣。余以財旺生官立論。

或有取丙火傷官。意謂庚金正官。為丙火所傷。不足尚已。言非無理。但丙火絕於亥。死於酉。胎於子。僅有戊庫可賴。庚金有兩乙遙合相助。勢非孤立。按其身掌權務。繼任軍官。何莫非旺財生官之明徵耶。現行庚寅運。官坐絕地。宦海多風波。寅為羊刃。與亥作合。以刃化印。宜其顯達。名利兩振。卯運欠利。

柯南評註：

此處韋氏在學理上頗為藏頭露尾，留有多手。唯一提示各位觀察員的只有戊土是用神。柯南現詳加解釋：乙木只宜陽地不宜陰，漂浮最怕多逢水，剋斷何須苦用金。即乙木日元之干性上忌水旺而喜陽明之氣，即是水多木漂之象。此為干性遠超六神論（即五行之性情大於後來引申的財官印三吉星）。

乙木配搭火旺或土旺已經是不同形態，可惜乙木金旺一般情況是沒有貴命的。復論此乙木之命造，八字水多木漂，故水多為病取土制水為用神。但本命金水旺是一大缺點，故只為軍長而不是縣長／省長／封侯拜相。富貴定於命矣！

至於寅運欠佳有三個原因：（一）水木兩旺，劫走用神財星（用土，忌木剋土）；（二）羊刃是凶災神煞，忌沖合歲君；（三）天干乙木貪戀官星，可謂忌神勢強。

千里命稿 009

	日		
丁	乙	丙	己
亥	丑	子	卯

一歲　乙亥
十一　甲戌
廿一　癸酉
卅一　壬申
四一　辛未
五一　庚午

此鄭君命也。君為海上紗業界聞人。得失動輒萬金。其經營商業。範圍廣大。駭人聽聞。夫天干丙丁與己。一派火土財鄉。地支亥子丑卯。盡是水木幫身。標本停勻。更妙各立門戶。固不愧商場健將。且乙丙丁。亥子丑。干支聯珠。矯勇善戰。角逐果敢。習性生成。非偶然也。前運壬申十載。積資三百萬。尤得力於申運。蓋原局缺金。

申金會齊五行。源遠流長。生生不息故也。至癸亥甲子兩年。傾家蕩產。反欠人百餘萬。水木太過。所以致此。庚運為金。又屬大利。清償宿負。游刃有餘。再盈數十萬金。去歲甲戌。為劫財流年。復告室如懸磬。抑且高築債臺。今年乙亥。已無活動餘地。按乙亥之水木太重。本非所利。恐年內有咎無休。興味蕭然。明歲丙子起。純逢火土之年。直如冬盡春回。大地錦繡。又是花木暢茂。一片蓬勃景象矣。

柯南評註：

鄭君之命極似慈禧太后之命：

慈禧太后			
乙	丁	乙	丙
未	亥	丑	子

兩造用神均為丙火，慈禧之造運順行木火之運，故貴為女皇之造，垂簾聽政。但鄭君運走金水之鄉，故此只火土之年發大財，金水旺鄉之年負債累累，因原局有群比爭財（破產命格）之缺失。比較之下，確有命好不如運好之慨嘆。

千里命稿 010

時	日	月	年
戊	乙	乙	癸
寅	亥	卯	未

日

十歲	甲寅
二十	癸丑
三十	壬子
四十	辛亥
五十	庚戌
六十	己酉

此命不識其姓氏。乃平翁告我者。據云。為上海工部局小工頭目。已積資成富。生活殊優。余曰。乙木仲春。支全亥卯未。為曲直仁壽格。所喜四柱絕金。格局無破。時落戊寅。寅為火土生地。木之祿旺。則流通秀氣。堅固格局。更如錦上添花。是宜由漸入豐。空拳致富者也。前行之運。都屬水鄉。頗見安順。現行庚金。不利於格。順中防逆。還幸流年無金。滯而不凶。

戊運為火庫。為燥土。豪富無疑。己運有乙木之奪。蓋即美中不足。狗尾續貂矣。平翁質余曰。命局既如是雋美。何以不作名公鉅卿乎。余曰。宦海一途。浮沈彌定。名公鉅卿。豈必好命。熙來攘往。甯及此君之優遊穩固。且駕乎數千工人之上。鶴立雞群。亦不失無冕帝皇之樂也。西漢黃霸有云。無官在職。一身爽輕。若此命造。雖少印綬之掌綰。詎不愈於坐高堂。騎大馬之顯達耶。

柯南評註：

此為曲直仁壽格，即木之從旺格。順木之勢而喜水木之鄉。《滴天髓》：「不可逆者，順其氣勢而已矣。」韋公亦於評註中明確指出：「四柱絕金，格局無破。」即是告訴讀者此命妙在無金（忌神），但藏頭露尾為一般學者所不解。

千里命稿 011

	日		
辛	乙	辛	癸
巳	卯	酉	卯

六歲	庚申
十六	己未
廿六	戊午
卅六	丁巳
四六	丙辰
五六	乙卯

此為某軍人之命。癸酉暮春。嘗訪余廬。自言溷跡軍伍。碌碌半生。邇來環境蕭然。擬投浦自盡者。已經三次。終不識命運如何。究竟生機絕否。余曰。乙木死於秋。所患辛金根深。受尅太重。幸有癸水之洩金生木。危而有救。惟丙丁不透干。七殺不獲其制。日主則不克，如滴天髓所云懷丁抱丙。跨鳳乘猴。而仍嫌柔弱。為美中不足也。

君既才識壓眾。抱負不凡。若遽萌短見。無乃自棄乎。前運一派土金。助殺壞印。故豐才嗇遇。莫展經猷。然本年即交午火運。制殺功深。定見轉機。如南方有故舊。前往求援。正可水魚膠漆。相得益彰。

此人唯唯而去。闊別三載。忽於上月翩然復臨。神采煥發。大非昔比。據謂別後亡命羊城。由舅氏之介。投效某軍長麾下。嗣得軍長之賞識提攜。竿頭日進。茲且攖重權於南粵。比者。道經春江。因感余當年所斷之盡驗。指其求援南方。獲益尤非淺鮮。特來面謁。專伸謝悃。余爰再視其命。此後丁巳丙三運。更較昌盛。勉以鵬程無限。善自為國效勞云。

柯南評註：

《五言獨步》云：「乙木生居酉，莫逢巳酉丑。富貴坎離宮，貧窮申酉守。」意即乙木酉月必須有火制殺才為貴命。但軍人之命巳酉合金而且火沒有透出天干，為用神無情之象。殺旺攻身加上偏印奪食而引致此人自殺三次不遂，一交午運立即升官發財。

千里命稿 012

己	丁	日 乙	乙
巳	丑	丑	酉

八歲	戊寅
十八	己卯
廿八	庚辰
卅八	辛巳
四八	壬午
五八	癸未

坤命。為海上某聞人之女公子。庚午孟春既望。舉宴湯餅。大江南北。各界名流。均往道賀。極一時之盛。所收禮份。傳有十五萬元之鉅。固足豪矣。然亦有命焉。非可偶致也。蓋寒木逢丁而暖。得己而培。得乙而盛。干上一無廢物。支全巳酉丑。則偏官會局。夫星更昌。從德之美滿。何待言哉。或病水淺印缺。殊不知丑月丑日。為虛濕之

地。正喜壬癸未透。庶不飄浮為患。故行運一路土金木火。福祿綿亙。光明昌熾。方興未艾。直至壬癸兩運。始見遜色耳。夫寒弱之木。不宜多水。祇喜木火。嘗見冬木孤寒之命。走水運而傾家蕩產。走木火運而倉滿庫盈者。例子多不勝數。若拘泥於日元衰則喜幫。而以為此命以印星生扶為用神者。失諸毫釐。差以千里矣。

柯南評註：

乙木生於丑月，調候為急。以丙火／巳火為主要調候。此造以丁火透出為用神，格成傷官駕殺（有殺先論殺）。韋氏亦指明此命不宜水運，只喜木火；因為寒木向陽，故以木火之運為貴。

千里命稿 013

時	日	月	年
	日		
戊	乙	戊	乙
寅	巳	子	巳

九歲　丁亥
十九　丙戌
廿九　乙酉
三九　甲申
四九　癸未
五九　壬午

論偏枯之命局易。推中和之命局難。此為略識命理之人。所共知者也。今以鎮江人孫君之命為例。乙誕子月。水旺木健。時下得寅木帝旺。年上見乙木比肩。則應以身強論。然兩戊尅水。兩巳洩木。抑挫之力，尤屬於所幫所助者。強之程度。僅堪任財。弱之地步。亦非至險。祇可稱其不強不弱。故既難論其喜忌。更難推歲運之休咎。然有一法焉。行幫身運。貴逢財官之年。行財官運。則喜幫身之年。若歲運皆屬生扶或抑。即趨於偏枯。而非中和八字所宜矣。是以孫君命造。丙運以甲乙流年。勝於丙丁。戊運則庚辛年不如壬癸。乙運愛洩化。酉運又喜幫扶。餘運可以類推。總之。此種命局。不在少數。合歲運而互相平衡。方為確也。

柯南評註：

開首韋氏字字珠璣，偏枯之命因為五行偏某一五行之旺氣，較易捉用神及批算。而五行中和之命往往是難捉用神之命。寒木向陽，乙木冬天喜火暖身，韋氏指出命局之用神會隨運年而轉變。故於行幫身之大運，喜逢財官流年。而於財官之大運，喜印比幫身之大運。

千里命稿 014

	日		
庚	乙	丙	丙
辰	巳	申	戌

三歲	乙未
十三	甲午
廿三	癸巳
卅三	壬辰
四三	辛卯
五三	庚寅

坤命。乙生申月。時座庚金。夫星得祿。惜乎兩丙一巳。剋庚太甚。且五行少水。無印幫身。亦屬偏枯之局。更以早年多東南運。故綠窗貧苦。落菸寒微之門。初嬪木商。行屆巳運。忽失所天。凄涼特甚。三十五歲再醮某醫。醫本無藉藉名。得婦後。生涯激增。門庭若市。十餘年來。盈財鉅萬。家境日隆。查此婦之行壬辰辛三運。水金幫夫。

或亦與有功歟。婦聞術家言。卯寅運皆多不利。因就詢於余。余曰。卯運幫身。且蓋頭為辛金。不足為慮。庚運助官。晚境最優。寅運沖申。官根動搖。非自身殲滅。即夫遭不祿。尤以六十一歲丙戌年。危如纍卵矣。

柯南評註：

古法之女命多重財官，夫利則其婦利，夫困其婦必困。婦人本身無獨立之事業，即使女命自身之運途平常，而行夫或旺子之運。譬如小兒之命，在父母照顧之下，只要父母健旺得意，即是福蔭。故此專重「財官之運」。寅卯運沖剋其官星（夫星）。故為不利之運。

千里命稿 015

		日	
壬	丁	乙	戊
寅	未	巳	寅

七歲	戊申
十七	己酉
廿七	庚戌
卅七	辛亥
四七	壬子
五七	癸丑

人之疾病。亦可由命中推測。然有驗有不驗。蓋命該究患何疾。祇能言其端緒。不能指其纖微。大抵以寒暖燥濕推之。百不失一焉。如文學家兼書法家倪古蓮先生。久耳余名。囑評其造。余日乙木生於夏令。精華發洩。外有餘而內實虛脫。地支無不藏火。壬水為丁所合。時上之戊。又為陽土。燥之極矣。熯之極矣。一無金水以濟之。肺病血

疾。在所不免。純陽燥熱之體。尤敢定斷焉。戌運為火庫。更屬可危。然甲戌年又多一庫。誠如雪上加霜。既已倖越。或無生命之憂矣。三十七後。運轉西北。一路青雲直上。非惟功名利祿。與日俱進。體格亦矯健勝昔。勉哉。倪君讚不絕口。旋蒙其備加稱頌。並將感佩之意。刊諸社會晚報。

柯南評註：

乙木疊逢離位，名為氣散之文。此命為典型之木火傷官格，故以金水為調候用神。運走西北，功名祿位自然來。（木火傷官官要旺，火土傷官宜傷盡，土金官去反成官，金水傷官喜見官，唯有水木傷官格，財官兩見始為歡。）

千里命稿 016

時	日	月	年
辛	乙	辛	癸
巳	丑	酉	酉

二歲	庚申
十二	己未
廿二	戊午
卅二	丁巳
四二	丙辰
五二	乙卯
六二	甲寅

右為某大使之命。乙木凋零。支全巳酉丑。四柱純金。識者咸以從殺格推之。不知年頭癸水進氣。洩金生木。乙有根原。不能從殺。應作身弱用印。以化其殺。否則中年午丁巳丙四部火運。制殺最力。為從格所大忌。烏得穩度谷關。且屢膺重任耶。卯運重沖。應有不利。此後甲寅運劫財幫身。老當益壯。東山再起足可掌握大權。若仍致力於

慈善事業。更能廣種心田。癸運亦不為惡。壽至丑運。方臻危境。若作從殺。忌逢幫身。則甲寅癸三運。又多齟齬矣。秋浦夏直欽君。囑余推評。夏君以仕宦而兼精子平。亦謂此老命局。按理以論。及過去事實推之。從殺格似較勉強。

柯南評註：

如命稿011所註《五言獨步》云：「乙木生居酉，莫逢巳酉丑。富貴坎離宮，貧窮申酉守。」此大使之造應為許世英之命造，為殺印相生之格，制化得宜。故貴為前中華民國國務總理。

乙	己	乙	癸
丑	卯	亥	未

日：乙亥

一歲 戊寅
十一 丁丑
廿一 丙子
卅一 乙亥
四一 甲戌
五一 癸酉
六一 壬申

此老出處宦途。飽經榮祿。年三十後。家道中落。幸擅長書法。磨穿鐵硯。利賴筆耕。幼時尋師批命。僉謂仁壽曲直之格。謬以有為期許。曩緣友人介紹。造訪余廬。詢問究竟。余曰。乙生卯月。支全木局。年支丑中藏辛。曲直已破。祇堪作身旺財輕之命以為斷。廿六歲前。運行中南火土。所以少年得志。迨夫三十一歲運轉東北。難免坎坷悽惻。然壬運至凶。無傷大祿。亦云幸矣。再後辛運苟延。未運化木。危如風燭。按段祺瑞命。為乙丑、己卯、日乙亥、壬午。其乙祿在卯。己祿在午。壬祿在亥。交互得祿。旺氣所繫。且木旺水健。午火洩秀。格局清奇。故在萬民之上。八字之相差一時。其霄壤徑庭。有如此者。吁可畏哉。

柯南評註：

韋公指出此命之破格（徐樂吾《子平真詮評註》成敗救應篇）在於丑中己癸辛，春天之木不宜見金，故此中年後運走西方金，逆其旺神。失運之時僅能靠書法維生。（可比較命稿 010 之案例，妙在無金。）

《神峰通考》之詩句正好說明乙木日元之體用精神：

乙木詩曰：

乙木根荄種得深，只宜陽地不宜陰。
漂浮最怕多逢水，剋斷何須苦用金。
南去火炎災不淺，西行土重禍尤侵。
棟樑不是連根物，辨別功夫好用心。

千里命稿 018

	日		
丙	乙	己	乙
子	卯	卯	巳

七歲	庚辰
十七	辛巳
二七	壬午
三七	癸未
四七	甲申
五七	乙酉

壬申年九月。友人某。囑評此命。謂係廣東妓女。由粵追踵來滬。堅欲以身相許。惟我年逾半百。且已兒孫繞膝。恐納妓後。家庭反而多故。躊躇莫決。謹詢於君。乞剖其詳。余日。乙木得祿於卯月。比肩林立。財星已毀。用時上丙火。賴之洩秀生財。命非下乘。豐姿卓犖。固異凡卉。官之無力。即夫星不顯。然居簉室。亦無所礙。惟刻行

王運。又逢壬年。用神損傷。十一月且為壬子。一片汪洋。丙火氣絕。恐妨其壽。故納寵問題。可容緩議。茲惟虛與委蛇。是乃上策。友唯唯而去。後相值途次。問友以此事究竟。友嘆曰。誠如君言。是妓已於壬申年壬子月。服毒旅邸。而歸塵土矣。微君果斷。又增我幾許煩惱。誠哉。命之不欺人也。

柯南評註：

風塵女子之命，多以食神／傷官為用神。此女以時柱，丙火為用神。《繼善篇》云：「丙臨申位逢陽水，難獲延年（夭壽）。」故於壬申年壬子月剋絕丙火而服毒（毒品為水）自殺身亡。《滴天髓》：「滿盤濁氣令人苦，一局清枯也苦人。」

千里命稿 019

		日	
癸	辛	乙	丁
未	酉	酉	亥

十一歲	庚申
廿一	己未
卅一	戊午
四一	丁巳
五一	丙辰
六一	乙卯
七一	甲寅

殺重之命。貴乎制化。視此某主席命造。更可徵信矣。蓋秋木凋零。秋金既得其時。又得其祿。殺重身輕。身殺之力量懸殊。其輕重不可以道里計。幸有癸印生身。並化殺。又有丁火食神以制殺。制化之功。乃完備矣。宜其座鎮某省。廿四年來。無或失足。可方於唐之李郭。宋之韓范。閻澤覃敷。洵為民國軍人之冠冕也。再推考其一生經歷。舉

犖大者。如辛亥年應響革命。壬子年任都督。丁巳年兼省長。午丁二運。春風和煦。水波不興。要非歲運屬水之化殺。或火之制殺。曷克臻此。巳運適以沖亥。瑕瑜互見。丙運以丙子年為最盛。舉國瞻仰。辰運妒合酉金。似乎難展驥才。乙運五年。蔗境優游。聲望宏遠。未可限量也。

柯南評註：

閻錫山之造於欒吾及千里的書中常有出現，可見乙木於酉月以用丁火為真神得用。丙辰運中的丙子年更集齊乙木干性所喜的太陽與雨露之水。

丁	癸	乙（日）	丙
丑	卯	巳	子

十歲 壬寅
二十 辛丑
三十 庚子
四十 己亥
五十 戊戌
六十 丁酉
七十 丙申

有以某大使之命詢余者。迺簡為批曰。乙生卯月為建祿。不見他木。但得時令之旺。未獲氣勢之盛。最貴水之灌溉。火之煊赫。妙在癸丙透干。巳子居支。生洩之功。無忝美備。自宜富貴雙全。屢膺鉅任。丙見巳祿。乙見卯祿。癸見子祿。日主用神喜神。交互得祿。尤為貴徵。前行子運。爵位迭晉。蓋印得祿也。巳運息影。財壞印也。亥運再起。印會局也。戊運韜晦。印被合也。戊運癸酉年。授駐俄大使。癸印之功也。今年乙亥。明年丙子。仕途更添光輝。有厚望焉。丁丑年以後。歲運均屬庸常。宜清流賦詩。無官一身輕矣。

柯南評註：

此為交互得祿格（字字通根）。建祿生提月，財官喜透天，不宜身再旺，唯喜茂財源。韋氏認為此命用神為癸水，用神與喜神均通根有力，故為貴命。

千里命稿 021

		日	
己	丁	乙	己
亥	卯	未	卯

八歲	丙寅
十八	乙丑
二八	甲子
三八	癸亥
四八	壬戌
五八	辛酉
六八	庚申

吳先生。海上名律師也。積學多才。歷任學府法院領袖。公餘之暇。好研命理。時蒙以五行生尅相討論。視其命造。乙生卯月。亥卯未會局。五行絕金。乃曲直仁壽之格。尤貴干透丁火己土。英華發越。秀氣畢呈。其命酷似遜清之李鴻章。畫錦前程。可操左券。子運以流年不濟。外圓內缺。未來癸運。滋木助格。氣象萬千。尤以丙子丁丑兩火

年。騰達蜚黃。改善法制。保障民權。全國人士。引領瞻仰。晉行亥運。繼長增高。壬運亦康頤安穩。蔗境春濃。戌運屬財。惟中藏辛金為病。秋山紅樹。退老珂鄉。徵諸過去未來。行運多吉。足與命局媲美。洵時代之傑出也。

柯南評註：

律師之命用神多為食神／傷官，以其口才及智慧謀生。故韋公以李鴻章之命作比較，兩造均是乙木卯月，妙在無金。故為貴命。

日

戊子　庚申　乙丑　壬午

六歲　辛酉
十六　壬戌
二六　癸亥
三六　甲子
四六　乙丑
五六　丙寅

右為某名人之命造。有以乙庚化金論者。竊以時上見午火。格局僅成其半。且遠不符其聲價。乙生申月。干透戊庚壬。財官印既同藏於申宮。又並露於干頭。斯乃貴徵。俠義豪爽。固是不凡。前運日新月盛。五十一之丑運。更進一步。造福社會。奚啻萬家生佛。亦厚於財。故能利入而又利己也。再後丙運雖剋庚金。幸有壬水制之。不足為慮。

寅運以沖申為病。豈可許子不憚煩勞。趨吉避凶。建策終莫妙於退隱。今年歲運皆乙。妒合庚金。能者多勞。其奈無功何。

柯南評註：

此造以化氣格（化金）論之，而用神以時上之壬水為用。天干庚壬戊齊透（月令聚透同宮）。令格局添吉。《滴天髓》：「獨象喜行化地，而化神要昌。」寅運為化氣格之還原，故為破格實屬凶象。

日

戊	辛	乙	己
子	酉	未	卯

七歲	壬戌
十七	癸亥
二七	甲子
三七	乙丑
四七	丙寅
五七	丁卯

河南省政府知命子先生。示余某總指揮之命造。余簡為批曰。乙生辛酉月。殺重身經。財星之兩透。尤足為病。所貴者。卯未會木局。幫身而制財。日主弱中有氣。行運最喜比劫。遇印則印被財壞。不能化殺。未必盡美。建食則有財黨殺。制殺不專。反以洩氣為慮。徵諸已往。子運僅屬發軔。究不及乙運之顯赫。更信此等命局。獨喜乎比劫

矣。丑運乃酉丑會成金局。故幾瀕於危。去年交來丙運。合殺最美。權爵更顯。當不止為一方領袖。以後寅運繼長增高。丁運雖善。以視丙寅。直如小巫耳。（一說丙子時。想係傳聞之誤）。

柯南評註：

財黨殺旺攻身之命，非貧即夭。故以印星化殺扶身為用。由於財星為忌神，故比劫為藥神。一交丙寅運，可謂大病得藥。

千里命稿 024

時	日	月	年
丙	乙	壬	壬
子	亥	寅	子

三歲	癸卯
十三	甲辰
廿三	乙巳
卅三	丙午
四三	丁未
五三	戊申

錢翁以其少君敬鏞先生之吉庚詢余。先生為上海籃球健將。在運動界中。頗負時譽。視其命造。新春乙木。甫得旺氣。然見五水。不免飄浮。應賴寅中戊土制水為用神。時上丙火生土為相神。偏枯之局。一若無可貴者。然核其運途。早歲多比肩劫財之運。是以矯強果敢。體力加人一等。二十八歲後。一路火土。足補命中缺憾。正合乎《五言獨

步》所云。有病方為貴。無傷不是奇。格中如去病。財祿兩相隨矣。顯達前程。豈可限量。雖非富貴命。行得富貴運。當亦富貴中人也。姑誌如上。以待後驗。

柯南評註：

此為上海籃球健將之命，運動界的健兒多以食傷為用神。因食神傷官為技藝與智慧。運動亦為技藝之一種。韋公引用《五言獨步》：「有病方為貴，無傷不是奇。格中如去病，財祿兩相隨。」以水為病，運走火土之鄉，大病得藥而顯貴。

日

己	癸	丙	壬
丑	酉	辰	辰

十歲 壬申
二十 辛未
三十 庚午
四十 己巳
五十 戊辰
六十 丁卯

癸為己尅。王坐於墓。官殺皆廢矣。財值旺鄉。又多傷食。若謂財多身弱。何貴之有。幸無一點幫身。可作棄命從財論。所以鵾化鵬游。罔知所屆焉。己運以還。飛揚煥發。盛極一時。蓋己之生財也。巳之會金也。無不利於格局耳。將來戊運富貴從心。予求予取。辰運自刑。杌隉不安。即宜韜光匿彩矣。丁運若無阻隔。卯運必危。(某海軍領袖造)。

柯南評註：

此為海軍領袖之命。丙火無根，應為棄命從殺格，故以壬水為用神。戊辰運合去癸水，為合官留煞格。用神以一位為貴（大地兩旁多絕地）。丁卯運從格補根還原破格。

千里命稿 026

	年	月	日	時
	乙	乙	丙	丙
	巳	酉	辰	申

（日）

九歲	丙戌
十九	丁亥
廿九	戊子
卅九	己丑
四九	庚寅
五九	辛卯
六九	壬辰
七九	癸巳

四柱天干。兩乙兩丙。木火相生。人必曰兩干不雜格。其實不然。女命所注重者財官。柱中有財有官。不沖不破。便為佳造。今丙火生於酉月。正財當令。與年支之巳。半會金局。與日支之辰。合而化金。會合俱為財。本命財乃極旺。可覘其極有才能。作事幹練。交際手段亦高。柱中東合西會。面面留情。幸有兩印透干。操守貞潔。幫夫助

家。鄰里稱賢。行運戊子己丑念年。助夫興業。家有餘歡。庚運亦佳。寅運沖申。未見佳妙。辛卯運亦順境。入壬辰運。遇壬戌年。最要防衛。(餘姚徐德聖先生夫人八字)。

柯南評註：

古法女命以財官兩旺為夫榮子貴。故此徐德聖夫人為八法八格中的安靜守分之命。操守貞潔，幫夫助家。

	日		
丁	丙	丁	庚
酉	辰	亥	辰

六歲 戊子
十六 己丑
廿六 庚寅
卅六 辛卯
四六 壬辰
五六 癸巳
六六 甲午

右為寧波第五特區行政專員。趙次勝先生之八字。丙火生於亥月。冬日可愛。兩丁幫身。亥中殺印同宮。庚財通根於酉。滋殺有源。辰中食神制殺。舒配得宜。以故蚤歲軒昂。政聲聿著。入壬辰運。殺食兩顯。出任專員。辦理新嵊奉三縣剿匪事宜。旌旂所至。小醜披靡。甲運本有奪食之嫌。柱露庚金。仍奮發有為。午運羊刃。靜養大和為妙。

柯南評註：
此行政專員屬殺印暗相生之貴格。用神為亥中之甲木，所謂明朝不如暗拱矣。吉神暗藏，實為終身之福也。

日			
辛	丙	乙	丙
卯	戌	未	戌

六歲 丙申
十六 丁酉
廿六 戊戌
卅六 己亥
四六 庚子
五六 辛丑

此紹興陳君泳之命也。傷官用財。生於立秋前半月。正值土王用事。神峰所謂真傷官。運行戊戌己三部。喜神逢運透清。時值光復。絲綢價格銳跌。陳君在杭開設乾裕永綢莊。經營十五年。獲利三十萬。入亥運。憾於亥卯未會成木局。事業凋疲。乃賦歸來。擁資二十餘萬。足享林泉之福。將來交子運。尚可再起。蓋六月間火土。燥烈已極。柱中不見滴水。故富而不貴。今逢子水滋潤。調候為急。豈有不勃然興者乎。

柯南評註：

火土傷官宜傷盡。火日元月令土為傷官，火土之局成勢；故傷官生財為用，大運喜土金之鄉。亥運不利，為「行財反破財」之運。

千里命稿 029

		日	
庚	己	丙	庚
申	卯	戌	寅

三歲	庚辰
十三	辛巳
廿三	壬午
卅三	癸未
四三	甲申
五三	乙酉
六三	丙戌
七三	丁亥

此係福建劉杏村先生長子含懷兄八字。丙乃純陽之火。其勢猛烈。能煅庚金。遇強暴而施克伐也。能生己土。成慈愛而不凌下也。坐於犬鄉。會虎合兔。火勢益厚。日主健甚。己土臨月干。以卑濕之土。能收元陽之氣。得以洩丙火之威。壬水藏年支。汪洋之水。能制暴烈之火。得以遏陽火之焰。庚金兩露。財臨旺地。本命取格。依正理以推。

身旺印強。自然以食傷為用。洩其太過。茲卯戌相合。正印化劫。不若取傷官用財為得當也。夫火土日元。人極渾厚。姿質靈敏。傷官透露。生出偏財。高傲之中。帶有幾分柔氣。將來讀書經商。兩均相宜。若立身於金融界。尤卜權重位高。發展地盤。西北最利。行運以巳火比肩祿堂。身強不喜生扶。刑耗在所不免。壬午運。壬為七煞。午為羊刃。馳譽社會。家道興隆。立德立言。有名有利。癸未運正印遇官。惜露傷官。美中不足。甲申運一帆風順。乙酉運。乙為正印。酉為正財。於命於格。似無衝突。乃乙木絕於酉。丙火死於酉。印綬身主遭傷。刑耗有之。丙戌運尚可。丁運則殆矣。

柯南評註：

村長先生長子之造，應以財星為用神。格局為取財壞印，但由於命格之真神壬水／卯木沒有透出天干，格局稍降。只屬中等之命。（雖存濁氣亦中式）

千里命稿 030

乙	庚	日 丙	壬
卯	辰	子	辰

四歲	己卯
十四	戊寅
廿四	丁丑
卅四	丙子
四四	乙亥
五四	甲戌
六四	癸酉

舊命書以人生辰戌丑未之月。謂之雜氣。以其藏支多。故謂之雜。唯《命理約言》一書。闢之最暢。今丙火生於辰月。時透七煞。普通命家當取時上一位貴格。其他六神。概置閒廢。愚見所及。取命格當以月中藏神。透干會支為重。本命身健（多印生之。）印旺。（月時之印透天干。）財透。（乙助庚勢。）煞強。（壬旺於子。非混官也。）

當取食用煞印。立業宜近財政。定許得志。蓋食生財。財滋煞。煞生印。印生身。連環滋生。非騰達而何。行運最利食傷。身旺印綬亦宜。逢煞無傷。遇官非福。內助賢淑。財得食生也。令子克家。食神制煞也。（此係上海四明銀行儲蓄部張君八字。）

柯南評註：

庸師俗說一般以雜氣財官墓逢沖則發，又或以辰辰刑開水庫之江湖手法批算此命，必然失手或鬧出一個大笑話。

此命實為《神峰通考》中之時上一位貴格（時柱獨煞純清），韋公認為張君之命源流與排列甚佳，故水木之鄉皆可行。

戊　　日
子　丙　丙　戊
　　子　辰　子

一歲　丁巳
十一　戊午
廿一　己未
卅一　庚申
四一　辛酉
五一　壬戌

名人八字。余閱歷多矣。然欲命局行運。一路清澄者。殊不數觀。有之。惟此實業聞人某君之命也。蓋丙生辰月。干透戊土。為食神格。其露雙戊。則食神更屬有力。不見陰土。則無傷官之混雜。月上丙火比肩幫身。乃不愁洩氣太重。支下三子會辰。本有傷於丙。然辰土制水。適成堤岸之功。而盡保母之職。可謂天成匹配。但《命理約言》

云：「有食不見財來。何異塵羹土飯。」所幸二十一歲後。二十年西方金運。財氣通源。自宜雲程萬里。富貴兩全。或謂壬運較遜。以壬丙一沖。不免平地風波。環生險象。然《繼善篇》有言。壬來尅丙。須要戊字當頭。則局中原有兩戊。制壬有餘。烏足為慮。攷此造命有缺憾。運能補之。運有危害。命能解之。此所謂一路清澄。畢世麻鮇。飛黃騰達。其來有自。非偶然也。

柯南評註：

在大運方面，常人之命最佳的大運只有一至兩個。此實業家之命應以戊土為用神，屬於食神制官的格局。《命理約言》云：「有食不見財來，何異塵羹土飯。」食傷為用神者，見財星方為富有之命。

	日		
戊	丙	丙	甲
子	子	子	子

五歲 丁丑
十五 戊寅
廿五 己卯
三五 庚辰
四五 辛巳
五五 壬午

庚午新正。吳君以此命垂詢。余曰。地支子水一炁。天干甲丙戊。寒煖相濟。用偏印以化官。佳造也。惟本年庚午與四子相沖。午為丙刃。刃之為物。暴戾而不易馴伏。若再逢沖。為禍尤烈。恐如朝露之易晞。晝錦前程。或不可得。惜哉。吳君怫然不悅。蓋所詢者。即其少君之命。且係單傳也。後聞此孩故於庚午年七月。染疫而死。病僅一日耳。夫刃之逢沖。若無解救。微論身強身弱。禍變接踵而至。如影隨形。如響斯應。
此亦研究命學者。所不可不知也。

柯南評註：

《滴天髓》云：「何知其人夭，氣濁神枯了。」此夭折之小兒命卒於丁丑運庚午年甲申月。原局用神為甲木，水多木漂。申月為甲木（用神）之絕地（用神絕地為壽元之盡處）。

陽刃出鞘（丁丑）之大運而復見陽刃之年（午火為丙火之陽刃）而夭。《三命通會》：「權刃復行權刃，刀藥亡身。」正好解釋此命。

千里命稿 033

庚	日 丙	丙	壬
寅	戌	午	午

八歲	丁未
十八	戊申
廿八	己酉
三八	庚戌
四八	辛亥
五八	壬子

某翁告我一悍匪之命。此匪徒眾逾千。犯案山積。然得逍遙法外。余視其丙日而支全寅午戌。巳秉一方之旺氣。兩見陽刃。干得財殺。宜其凶悍無比。雖不流芳百世。亦能遺臭萬年。然倘能公行直道。擇善而從。未始非果敢傑出之才。為國效用。亦足膺干城之選。豈不懿哉。若仍為非作歹。橫行不法。恐天網恢張。離逃子運。蓋沖刃出鞘。斧鉞當頭。意中事耳。

柯南評註：

悍匪（盜賊命）均為陽刃旺之命，故地支劫財在古法神煞稱為羊刃。而盜賊命於行財運之時，往往是劫途得意或是惡名昭彰之時。倘若武力或凶悍之性用於正途，必為一名勇將。

千里命稿 034

		日	
己	乙	丙	壬
亥	亥	戌	辰

三歲	甲戌
二三	癸酉
三三	壬申
四三	辛未
五三	庚午
六三	己巳

此鎮江人金君之命。金君自言。研究子平之學。已有十餘年。對於本人八字之用神。終難取定。因聞余名。特就詢焉。余曰。丙生初冬。支見兩亥。辰戌又沖。壬再透干。病於水多火弱。識者非用己土以制水。即用乙木以生火。殊不知己為卑溼之士。祇可納水。焉能鎮水。況又毗鄰乙木之虎視眈眈。更難以立足矣。乙木雖能生火。惟因水重太過。本身力量太輕。不無乘桴浮海之歎。此所以亦難為泰山之靠者。則亥中甲木。既得

長生而進氣。可洩水生木。中流砥柱。功自非淺。所謂用神。捨此莫屬矣。早年祇甲運優裕。曇花一現。餘皆碌碌無奇。四十八歲之未運。五十八歲之午運。皆屬火土。不難破壁而飛。脫穎而出。至於水流太過。終患無定。則風塵僕僕。南楚北燕。天涯飄走。迄無暇逸境遇。乃命局早已生成。無可挽救耳。

柯南評註：

此位金君觀察員有一段學八字之感言：「研究子平之學，已有十餘年。對於本人八字之用神。終難取定。」

柯南十分認同金君之說法，因捉用神實為八字最難之命題。如以一般庸師喜金水／喜木火之流，當然容易取用神。但要在日元十月令十干性扶抑病藥調候通關……多種數理之下，取一用神，確實甚為困難。

韋氏明確指出此造非以乙木或戊土為用神。用神應以亥中之甲木化殺生身為用。故一生之中只有甲木之運為美（用神明透有力）。其取用神使用之「排除法」非一般月令承氣取格之庸師能及。

千里命稿 035

乙	甲	丙	甲
酉	申	辰	午

（日：丙辰）

八歲　癸未
十八　壬午
廿八　辛巳
卅八　庚辰
四八　己卯
五八　戊寅

右為金融界巨擘。某君命造。丙火退氣於初秋。本不能任申酉之旺財。所妙時落於午。根得蒂旺。遠勝干頭衰木之生扶。於焉轉弱為強。足可任財矣。益以運多金水。固宜財源四達。利益萬通。事業有陶朱盛名也。按揚宇霆命為乙酉、甲申、丙辰、戊戌。重土重金。且戊土司令。未免晦火太甚。僅賴甲乙印綬之制土幫身。巳運乃得祿。所以聲勢最盛。轟烈可畏。庚運無險。而斃於辰運戊辰年。則以庚運盡屬木火流年。故仍炙手可熱。辰運為溼土。戊辰年土又如崩。晦火無光。不得善終。意中事耳。觀夫二命。僅差一時。楊氏之夢幻泡影。萬不及此翁之福祿綿長。毫釐不爽。有如此者。談命固非易事。思念及此。不寒而慄矣。

柯南評註：

日祿歸時遇財透，富甲一方。惜乎此造日元丙火實在太弱，用時柱之午火幫身為用。故於庚辰運戊辰年土多晦火而夭。（情況類似樂吾先賢於土多晦火之年而夭。）

千里命稿 036

	日		
戊	丁	戊	己
申	未	辰	未

五歲	己巳
十五	庚午
廿五	辛未
卅五	壬申
四五	癸酉
五五	甲戌

某名公以楊秀瓊之八字。囑余推評。夫丁火滿見戊己於干支。又在穀雨之後。黃土當權。應如命理約言所云：「日主無根。滿局皆傷。則當從傷。」不作身弱論。亦即《滴天髓》所謂「從兒格」是也。宜其巾幗英才。矯強特立。十五歲行來庚運。財星得祿。秀氣流動。自應一鳴驚人。聲譽震全國。芳蹤所至。公卿倒屣。惟明年丙火剋庚。幸以

高危滿損為戒。丁丑年或有關雎之兆。往後午運平淡。辛未十年。福祿綿密。壬運多險。四十歲繼以申金癸水酉金皆吉。五十五歲晉甲運。制傷破格。危如纍卵矣。

柯南評註：

楊秀瓊之命為火土傷官宜傷盡，故火土金之運均可行。財星為喜用歸時柱。配合晚運財旺故於申酉運皆為吉象。《滴天髓》：「從兒不論身強弱，只要吾兒又見兒。」

千里命稿 037

	日		
壬	丁	戊	辛
寅	未	戌	酉

七歲	丁酉
十七	丙申
廿七	乙未
卅七	甲午
四七	癸巳
五七	壬辰
六七	辛卯

閻錫山封翁。富貴壽考。一身兼全。余嘗推評其命。丁誕戌月。干透戊土。為傷官格。戊生辛財。辛生壬官。壬生寅印。寅又生身。循環不息。生氣盎然。如是命局。固不論金木水火土之歲運。或太過。或不及。皆得生化補救。致險無由。所以鶴骨松身。克享遐齡。而福祿綿密。令子賢肖。尤為可貴。誠今世之郭汾陽也。按余講學於申商學

會時。某君以辛酉、戌戌、丁未、辛丑一造見詢。余斷為棄命從傷。以甲午兩運最危。據云。亦政海名流。早於甲運騎馬墮亡。噫。僅與閻封翁之命相差一時。而壽夭之異。竟有如是者。

柯南評註：

軍閥閻錫山父親之命，用神為時柱寅木。故為火土傷官配印。在八字宮位字軌而言，時柱為子女宮；用神在時柱為子女貴顯得力之象。其餘宮位一理共推。

	日		
丙	丁	戊	戊
午	卯	午	戌

二歲 己未
十二 庚申
廿二 辛酉
卅二 壬戌
四二 癸亥
五二 甲子
六二 乙丑

右係上海大眾書局經理樊劍剛先生八字。丁火生於午月。正逢當令之時。日主甚為強健。加以兩祿幫身。丙火輔主。卯木生干。雖曰至剛莫厭。究嫌其太過。幸有兩戊透干。得以洩火之秀。其作事機警幹練。才學高明。於此可覘。所惜四柱五行缺水。似此火炎土燥之際。能有甘泉滋潤。則坎離調燮。前程莫可限量。今賴運來補救。未為晚也。本命以建祿用傷取格。洩其太過。亦得秀氣。雖不及春木秋金之貴。而火土傷官。適亦得時乘勢。經營就富。可斷言也。行運庚申辛酉財運。於格最利。但柱中比劫環伺左右。定有耗財之舉。壬戌癸亥廿年。火土傷官。見官本忌。乃調候為急。故反吉也。經營獲利鉅萬，毋煩贅述。

柯南評註：

大企業家之命，多為比劫旺用食傷／用財星。而本命財星甚弱，故行財運時食傷生財，富自天來。一般庸師以為財旺或合財局為富有之命，實則富翁之命多為財星只有一位。（正如貴人峰以一位為獨秀）

		日	
己	己	丁	甲
酉	巳	丑	辰

四歲	戊辰
十四	丁卯
廿四	丙寅
卅四	乙丑
四四	甲子
五四	癸亥
六四	壬戌

右係福州省郵務局秘書鄭炳年先生之郎君。希文兄庚造。現在上海東湖法律學院肄業。品貌秀麗。學問淵博。核其命理。確相符合。非偶然也。丁火生於巳月。年酉長生。日丑墓庫。時干正印。日元健朗。或取食神生財。或以月刃當煞。言雖有理。皆非正論。當以月劫用財。或疑既用劫。又用財。豈非自相矛盾。世有令盜蹠之人。而掌銀庫者乎。

詎知月劫用財。須帶傷食。蓋月令為劫。而以財作用。二者相尅。必須食傷化之。始可轉劫生財。今柱中食神兩透。甲己作合。正印意向食神。生財綽有裕餘。本命不但轉劫生財。且可化劫為財。曷云乎。四柱地支。巳酉丑相會。即以劫財之火。化為金局之財。而時支之辰。生年支之酉。亦有助於金局。兩位食神。俱有生財能力。安得不大富貴亦壽考耶。夫食神健朗。一生衣祿無虧。年坐文昌。學藝定占軼眾。豊範清秀。姿質靈敏。印透時干。又見其宅心正大，無黨無偏。他時為國宣勞。自不浮沉隨俗。今日研究法律。正以栽植基礎。查其一生行運。除丑運火庫。稍有蹉跌外。餘皆迪吉。美不勝言。《滴天髓》所謂一清到底有精神。管取生平富貴真。

柯南評註：

此造以年柱日柱之文昌貴人均在年支（酉金）。古法子平八字以年支為命宮。巳酉丑金局為文昌聚貴（文昌貴人與天乙貴人合局聚氣）。現代人不懂神煞運用而廢除神煞不論，實為一大笑話。韋公最後引用《滴天髓》之格局法中的清濁一節作總結。即暗示此命行運大利木火之鄉，澄濁求清清得去也。

千里命稿 040

辛	庚	丁	辛
亥	寅	未	亥

日：丁未

一歲　己丑
十一　戊子
廿一　丁亥
卅一　丙戌
四一　乙酉
五一　甲申
六一　癸未

丁火日元。生於立春後一日。嚴寒未解。火力未充。得木生之。自然氣燄勢足。復查年月日時。四支俱有甲乙之木。生火已嫌過多。而寅宮丙火。未中丁火。亦皆有輔主之功。財神高透天干。正官藏於兩亥。本命財官印三奇俱全。理應聲名騰達。平步青雲。何今屈蟄市廛。寄人籬下。持籌握算。鎮日勞勞。要知柱中寅亥作合。亥未相會。官星暗損。宦海無緣。習賈經商。方堪溫飽。印遇財傷。堂上之蔭庇不久。正財明露。閫中之威力獨張。子息無多。有二位足滿慾望。日逢天德。遇險事可以化夷。亥為乙貴。遊異鄉到處歡迎。大運初交己丑戊子。俱未順利。骨肉刑傷。丁火幫身。亥運官貴。連丙戌十年。有名有利。生子添丁。乙運欠佳。酉運尚順。壽阻未運底。（天津陳德培先生命造）

柯南評註：

寅月餘寒未退，此造金水一片汪洋，故以月令寅木為用神。格成官印相生。此處韋公指出亥中之壬水暗傷寅中之丙火，為寅亥相破（不見之形，無時不有）格局稍降只屬中等之命。

甲	戊	丁	丙
申	辰	未（日）	午

三歲	己巳
十三	庚午
廿三	辛未
卅三	壬申
四三	癸酉
五三	甲戌

此係陳馥堂先生庚造。雖為火土傷官。自設綢肆。未及三年。因虧耗不支。停業家居。株守田園。蓋運行壬申時。傷官見官。一敗塗地。破財喪妻。備嘗困頓。細按之。丁干陰火。生土之力甚薄。而戊土不產真金。故無生財之道。壬運之不入黃泉。賴甲木之功。稍納水勢耳。

柯南評註：陳先生之命屬火土傷官配印之破格。但甲木根弱而受傷，故於傷官見官之大運，一敗塗地，破財喪妻。

時	日	月	年
癸	丁	壬	壬
卯	亥	子	寅

八歲	辛亥
十八	庚戌
廿八	己酉
卅八	戊申
四八	丁未
五八	丙午

此乃舞女陳珮珍之命。正式遣嫁。傳已五次。刻聞徵逐舞場。迄無所歸。仍度其摟抱生涯。夫一丁被眾水包圍。明暗夫星。薈萃重疊。滿盤爭妒之象。是宜娥眉螓首。蛇物蠍心。招展一般狂蜂浪蝶。如螻蟻蟻之附羶也。現行酉運。生水有源。汪洋泛濫。恐仍意馬心猿。得隴望蜀。生張熟魏。送往迎來而已。三十八歲換入戊運。堤岸功成。方

有樂觀。或不致浮沈花鏡。得能從一而終。猶足為門楣嬪婦。否則。四十三歲後。申運助起水浪。是又不堪收拾矣。按官殺並見之女命。得良善結果者甚多。蓋其去留清楚。或制化得宜而已。若此命之五行少土。官殺不得其制。兩壬妒合一丁。癸水又來相爭。兼以亥中子中。互藏壬癸。紛亂無以復加。不致夫星之二三其德者。蓋幾希焉。

柯南評註：

貴眾合多，必為尼師娼婢。此命多重丁壬合為淫暱之合，故為舞女之命。此命用神應為寅木，但水多木漂故格局不高。

千里命稿 043

戊	己	日 丁	丙
辰	未	巳	午

四歲	庚申
十四	辛酉
廿四	壬戌
卅四	癸亥
四四	甲子
五四	乙丑

人事滄桑。升沉無定。際茲世界不景氣。富者貧。貧者困。世途尤險。比來海上經濟凋枯。地產衰落。市況蕭瑟。合人惴懼。尤以盧少棠。鄔志豪。程霖生。三公。慘遭失敗。更不勝今昔之概。余嘗得視渠等之命焉。盧命排列如上。炎上而戊己吐秀。精明果幹。自非庸凡儕輩。近走丙運。運屬助格。不應挫跌。殆以壬申癸酉年之剋火。甲戌

年之損傷戊土。乙亥年之剋己沖巳。流年不利。有所致歟。六十九歲後。行入寅運。歲運並美。或得東山再起。鄔命為甲申、丙寅、甲申、壬申。建祿沖破。用丙火食神以制殺。固是長袖善舞之輩。且以壬水梟神為病。刻在辛運。絆合丙火。歲逢乙亥。亥為壬祿。更如助桀為虐。遭際之一蹶不振宜矣。或謂未運殊佳。然壬運又險。縱能復興。亦不過曇花一現而已。程命為丙戌、癸巳、乙亥、癸未。初視之。身財兩停。細究之。立夏以後。已戌未丙。中南火土進氣。水木無根。遠不敵火土。應以身弱論。行運都屬剋身。故雖飽享蔭福。歷來劫耗可觀。及至戊運。益為不支。厥後戊己兩運。財重身輕。仍難樂觀。際茲年屆大衍。詩云。明哲保身。程君正可如孔子之知命。而永自韜養矣。

柯南評註：火土傷官宜傷盡之命，運利土金之鄉。故忌甲木出干制土，行傷官見官（水）之運亦不吉。

千里命稿 044

	日		
丙	丁	辛	辛
午	酉	丑	丑

四歲	庚子
十四	己亥
廿四	戊戌
卅四	丁酉
四四	丙申
五四	乙未

右為本埠張君之命。財重身輕。所妙時上一劫一比。雖嫌柔弱。還幸有根。幼時聞術者言。財多而強。且日支文昌貴人。定得賢美之妻。沾沾自喜。唯盼早賦燕詩。及至二十四歲。識同學某女士。由戀愛而成婚。女士品學兼優。初固伉儷甚篤。以為術者之言驗矣。詎於庚午年。女忽溺於博弈。寢食俱廢。每晚輒至一百八十一號（海上唯一大

賭窟。）作輪盤之賭。未滿一年。私蓄蕩然。無以自慰。乃由高樓越窗而墜。死於非命。厥狀殊慘。客歲。張君又思鸞膠繼續。惟慮復蹈覆轍。就決於余。余曰。以財多為病。財即妻星。烏足言內助賢美耶。惟戊戌土運。已成尾聲丙丁幫身運。即將蒞臨。此番續絃。當不致再如元配之結局。但欲倡隨適意。亦不敢斷定。夫普通談命者。以為財乃妻星。日支乃妻宮。財旺者。或日坐財星者。妻必得力。殊不知財多為病之命。妻宮美於何有。論妻之優劣。固以財為標準。然尤須先觀財之得用與否。若命中以財為喜神。財雖薄弱。亦主得妻之力。正不必斤斤於多寡之間。以論其美惡也。

柯南評註：

此造日祿歸時格，而財旺為病，取時柱午火為用神。日支妻宮為忌神旺相，故所娶之妻必然發揮忌神之凶性。

於戊戌運之庚午年（午為丁火之祿，祿頭財在神煞之別名為絪縟殺。）其妻發揮忌神不良之性質故因爛賭而跳樓身亡。可見八字宮位之喜忌，實影響一生之善緣與惡緣。

千里命稿 045

		日	
丙	庚	丁	丙
戌	子	未	午

九歲	辛丑
十九	壬寅
廿九	癸卯
卅九	甲辰
四九	乙巳
五九	丙午

論命者。論休咎而已。斷生決死。有驗有不驗。蓋生寄死歸。有夢必醒。為盜蹠而生。不如為伯夷而死。生則未必為吉。死則未必為凶耳。上為吾友柯君之命。丁生子月。本屬殺旺。乃午未戌中三土。制殺太過。引以為病。前行卯甲兩運。盈財數十萬。談命者。皆謂木之尅土。病神除去。不脛而走。洵非誣也。預料運入乙木。豐發當尤過

之。詎知竟於今庚乙運乙年。病而不起。然富貴雙全。兩子玉立。且皆有聲於時。結局不可謂不厚。否則以後巳午火土之鄉。難免遭劫。若終於傴促之際。反不如今日考終之為得矣。則我友今庚之死也。未始非幸事耳。嘗見有陳姓一命。為乙巳、戊子、丁未、丙午。丁生子月。根本極輕。畏水之尅。然巳午未戌。重土如山。亦制殺太過。術者皆斷其戌運必死。卻今仍健在。惟於丙運。煙酒嫖賭。消耗資產。不計其數。至戌運為父驅逐。流而為丐。是乃雖不死亡。貽醜自苦。有何生人趣耶。觀夫柯陳兩造。生死適成對峙之局。則命之理微。可以鑑矣。

柯南評註：

在現代社會，人均壽命愈來愈長。故論壽命/死期之學說時有不驗。千里之友人柯君猝逝於乙巳運之乙亥年（死因：天戰猶自可，地戰急如火。合有宜不宜，合多不為奇。）可見用之為官不可傷。

千里命稿 046

		日	
丁	丁	丁	丁
未	未	丑	未

七歲	丙午
一七	乙巳
二七	甲辰
三七	癸卯
四七	壬寅
五十	辛丑

右造本人。亦諳子平之學。自謂必死於巳運。及至庚午年。殆因環境坎坷。竟作屈原投海以自盡。幸為水警撈救。終不獲死。余視其命運。天干丁火一炁。地支土星重疊。火土相生。正如《滴天髓》所謂天全一氣地德載。《命理約言》所稱兩神成象。格局非下乘。胡為作消極之舉。類匹夫之諒。作溝瀆之經乎。丑未一沖。土金沖動。丁火

之精英。更足以發越。尤為貴徵。巳運為丁之帝旺。火炎太甚。自不為喜。庚午年因有庚金之故。所以死而復活。現行甲運。亦助火炎。侷促如故。辰運為濕土。清潤全局。應見起色。壬癸二運。水之尅火。渠自以為美。余謂火土重而水輕。水萬不可以制火。反更激火之怒。招土之尅。何善之堪言。寅卯運木之生火。亦屬庸常。總核終身行運。少土金之途。則即所謂有命而無運。此乃自然之理。烏可強耶。

柯南評註：

又一位高手觀察員，沈醉於子平之學，以為自身之命將死，竟於乙巳運庚午年投河自盡，但被水警撈救而不死。韋公暗示此命實為火土傷官格，最忌壬癸水。

徐樂吾：「近來研究子平者甚多，但余有一言奉勸，生死貧賤，必須付之達觀，心胸不甚開展者，以不研究為是。如略通粗淺皮毛，依然莫名其妙，研究較深，而觀自己命造，毫無希望，不急死，亦必成為神經病者，友人某君，前車可鑒也。」

千里命稿 047

		日	
甲	甲	丁	癸
午	戌	酉	卯

六歲 乙亥
十六 丙子
二六 丁丑
三六 戊寅
四六 己卯
五六 庚辰

此梅蘭芳先生命也。全局木火太旺。喜日坐酉金。時得癸水。財殺清粹。兼帶貴人文昌。自宜藝術獨精。譽滿天下。革中國之劇材。作梨園之砥柱。伶界大王。當之無愧。惜行運未能媲美命局。所以僅享盛名。而無權爵。然晚來庚運資殺。空前絕後。恐不以伶官終其身。變化飛騰。未可限量焉。今歲乙亥。印得長生。殺得旺地。現赴蘇俄演劇。必有一番轟烈。宣揚中國文化。灌輸東方藝術。所富厚望於君耳。

柯南評註：

梅蘭芳之命以癸水七殺為用神。偏財滋殺之命，古代多為武將或技藝成名。在現代社會或為歌影視之著名巨星。

千里命稿 048

時	日	月	年
壬	戊	丙	乙
戌	午	戌	酉

歲	運
九歲	乙酉
十九	甲申
廿九	癸未
卅九	壬午
四九	辛巳
五九	庚辰

武人之命。貴乎氣旺。文官之命。則宜清秀。此余經驗所得也。觀夫此造。則益信矣。蓋九秋戊土。得令當權。干上丙火。支下午戌。生之者又眾。氣象萬千。固非凡品。然徒旺而無調劑。則與販夫走卒。曾有何異。故壬水之制火。乙木之疏土。酉金之吐秀。洵屬舒配適當。勇奪三軍。門充駟馬。良有以也。前行之運。水火相間。乘時崛

起。突進橫飛。現行辛運。絆住丙火。毀譽參半。凶終隙末。此後巳庚等運。大體尚善。惟不若從前之盛矣。（某將軍造）

柯南評註：

「武人之命。貴乎氣旺。文官之命。則宜清秀。」韋公此訣實為批算文官武職之八字真義。此將軍之命實為土金傷官格，以酉金傷官為用神。土金傷官正格一律忌寅卯（詳見本人著作《名偵探八字之命理一得》）。

千里命稿 049

甲	戊	日 戊	壬
戌	辰	申	子

六歲	己巳
十六	庚午
廿六	辛未
卅六	壬申
四六	癸酉
五六	甲戌
六六	乙亥

或曰。吳將軍命造。為甲戌、戊辰、己酉、丁卯。夫土重遠過於金水木。身太強。財官太弱。標本不均。身世似不類。心滋疑焉。去夏蓬萊李潔盦君。從余學命。書函往還。於請益中。以甲戌、戊辰、戊申、壬子一造見詢。據云。係將軍真命。視其戊土日元。比肩重疊。申子辰會水局。時干透壬。乃身財兩美。旺財生年頭甲木之殺。惟乏火

印以化殺。及金星制殺之為病。故清高氣骨。超類軼群。華夏威震。追蹤關岳。可為武人楷模。惜屢起屢仆。終隱平泉。夫戊午年庚申年辛酉年壬戌年。內戰均獲大勝。頗有武力統一。安內攘外之冀。此何故也。無非制殺。或為化殺。因是益信殺重之命。最貴乎化與制矣。酉運以流年不濟。備嘗挫阨。甲運最危。幸在野養晦。可謂知命。刻下戍運沖辰。更難飛騰。英雄氣短。莫非命也。

柯南評註：

吳將軍之命為土金傷官格用申金《滴天髓》：「真假參差難辯論，不明不暗受邅迍。提綱不與真神照，暗處尋真也有真。」意即月令為用神只是真神得用的其中一個取法。此造之申金正合暗處尋真之天機。

千里命稿 050

		日	
丁	壬	戊	壬
亥	寅	申	子

三歲	辛丑
十三	庚子
廿三	己亥
卅三	戊戌
四三	丁酉
五三	丙申
六三	乙未

右係紹興蔣清渠先生庚造。先生別署越州胖漢。精究子平。前承開示其造。囑予評斷。

戊屬土。為萬物之母。此常論也。其實僅憑單獨之土質。雖一草一木。亦不能滋長發榮。必須水以潤之。火以暄之。始可生生不已。今月支之寅。中藏丙火。月干之壬。

明明屬水。水火兩全。萬物資生。門第清高。人才軼眾。於此可卜。惟細按之。年支逢亥水。時干透壬水。日時二支。又聯合水局。水計有五。僅恃年干丁火。及月支之寅。所藏丙火。斷不能勝多數之水。雖曰水火兩全。究未坎離調燮。必須運入火土。助日元用神之不逮耳。查己運尚佳。亥運不利。戊戌丁酉丙申卅年。名業崇隆。生子餘金。公私暢適。攸往咸宜。六十七歲癸巳年多麻煩。慎防為要。

柯南評註：

再來第三位精研子平的高高手——越州胖漢（柯南發現，韋公在嘲諷此類高手之時，拆局推理時會十分精細），此漢之命實為假之食神制殺格。用神為申金（食神）。如此命換作己酉日之食神制殺格局會較高。由此可見，陰日元與陽日元在體用精神的本質上有截然不同之處。

千里命稿 051

		日	
辛	丙	戊	己
亥	申	午	未

三歲	乙未
十三	甲午
廿三	癸巳
卅三	壬辰
四三	辛卯
五三	庚寅
六三	己丑

戊午日元。戊為陽土。喜潤而惡燥。今生於立秋之後。巳金旺而土休。幸坐午宮旺地。又有羊刃幫身。日主高強。一生樂自無憂。格取申宮食神。兼取偏財為相。名曰食神生財。所以洩身之秀。調劑火土之和。用食忌梟。丙火梟印蓋頭。則食受制矣。詎知丙辛作合。而印非其印。傷官透露。主人性剛。月坐文昌。無怪金石書畫。不學而能

之也。戊坐午日。羊刃逢印綬。理應殘疾帶身。行運以巳火祿堂不利。壬辰辛卯庚。念五年。有財有名。大吉大昌。寅沖申。多麻煩耳。（餘姚魯昌寧君八字）

柯南評註：

戊土為陽土大山，喜癸水之潤而忌火之燥。（柯南認為日元之體性亦為子平八字最難掌握之一環。）用神辛金被丙火所羈絆，而引致格局下降，故壬辰運晦火生金大利財運。

		日	
甲	丁	戊	甲
寅	卯	寅	寅

十一 戊辰
二一 己巳
三一 庚午
四一 辛未
五一 壬申
六一 癸酉
七一 甲戌

汪君以此命垂詢。謂係亡友孫君之造。何以生前走火運大利。金運大敗。申金運且作屈原汨羅以自盡。余曰。殺重身輕。設無丁印。何以自存。殺之太過。逢傷食制之不足。反激其怒。何如印綬生化之為美。此所以金運遠不及火運也。申運沖寅。一金為三木所敗。命遭不祿。亦所當然。夫殺重之命。正如盜匪侵主。逢印。如遇仲連排難。足以斡旋兩方。各不傷和。若逢傷官食神。而無力量。乃如忽至老弱殘警。欲逮捕之。勢必警匪相戰。終於警為匪殺。反激匪怒。為事主者。則如棟折榱崩。其危不言可喻矣。故凡命中忌神太過。祇宜洩化不宜強制。制之有力則益。制之不足則損。此亦余經驗談也。

柯南評註：

自殺身亡之命，多在殺旺攻身之情況下。運年見財旺破印。故此孫君於壬申運用神被羈絆而投河自盡。

（詳見《名偵探八字之命理一得》〈羈絆用神的迷思〉內仁安醫院夭折嬰兒之命。丙辛一合而合死用神，歸祿格之破格。）

時	日	月	年
	日		
辛	戊	戊	壬
酉	辰	申	子

二歲	己酉
十二	庚戌
廿二	辛亥
三二	壬子
四二	癸丑
五二	甲寅

此吾邑錢翁之命也。出身豪富。重義輕財。晚年耗斁。卒彈鋏於猶子門下。殊為戚黨鄙夷。茲者壽踰杖朝。悽涼孤苦。士論惜之。夫戊土生於孟秋。支全水局。時落辛酉。金水並旺。而秀氣流行。格局本非庸俗。奈日主太輕。身不任財。既有月上戊土比肩。從財則又不真。益以運皆西北金水。宜其豐裕春申。雖有三千珠履之名。卒流金空季子

之類。亦足悲矣。刻走丁運。正印助身。本應否極泰來。然行諸太晚。不免美人遲暮之慨。以後已運更佳。或不致落寞以終。

柯南評註：

錢翁之命應為傷官格用比劫（傷官駕劫）。即比劫為用神。財多身弱之男命往往難以聚財，因財星為忌神。

癸	壬	己（日）	庚
未	戌	丑	午

二歲 辛酉
十二 庚申
廿二 己未
卅二 戊午
四二 丁巳
五二 丙辰

此某總指揮造。己見丑戌未。名稼穡格。是格有清陳相國素庵。論之最精。其言曰。一須通月氣。一須時上生旺。一須柱中無尅破。但蠢然濁土。亦不足取。須帶傷食財印。有生動之機為妙。今夫己生戌月。月氣通矣。時下午祿。得生旺矣。干不透木。無尅破矣。有庚金傷官。及壬癸財星。秀氣發揚矣。格局純粹。所以為名將也。為偉人也。早年金運。中年土運。晚年火運。固宜竿頭日上。五十七歲交辰運。辰戌丑未全備。尤為燦爛光明。六十二歲乙運破格。則子美西去。淵明東歸。此其時歟。

柯南評註：

總指揮之命以時上庚金傷官為用神，即土金傷官格。《造化元鑰評註》：「土逢季月見金多，終為貴論。」土日元於四季月，以見金多為貴格。

		日	
丙	丁	己	丁
戌	酉	卯	卯

九歲 戊戌
十九 己亥
廿九 庚子
卅九 辛丑
四九 壬寅
五九 癸卯
六九 甲辰

右係營口天和報關行經理張之聲先生庚造。己土生於酉月。正值秋金司令。食神當權。洩身之秀。美不可言。無如四柱天干。陽火陰火。層見疊出。食神受印綬之掣肘。已無遁飾。所謂火炎土燥。金無所賴。且卯酉逢沖。酉戌相害。將極妙秀氣。完全剷除。本命弱點。即由於此。卯宮偏官。結黨攻身。原冀食神來制。不圖食神本身。四面楚歌。

自顧不遑。乃偏官不得不用印來引化。所謂制殺無如化殺高。以食神格而兼用殺印。行運自子字起。歷行辛丑壬寅癸三十年。步步順境。處處遂心。經商獲利。數可驚人。惟妻不尅。則不睦。子艱離云。

柯南評註：

金木交戰應以水通關。但此造之酉金連根拔起。不得不用印（丁火）化殺。月令之主氣受傷加上地支太多沖合，格局下降故只為經理之命（用假終為碌碌人）。

千里命稿 056

庚	戊	日 己	乙
辰	子	卯	亥

八歲 己丑
十八 庚寅
廿八 辛卯
卅八 壬辰
四八 癸巳
五八 甲午
六八 乙未

右為曾任浙江餘姚湯溪等縣縣長端木彰先生庚造。己土生於子月。偏財當令。柱中七煞重重。財來滋煞。故歷任軍界要職。（前浙省魯主席滌平。是其門生。）柱中所缺者印綬。殺無印不威。故其人溫厚和平。藹然可親。內權獨擅。蓋殺居日支也。迨運入巳地。煞印相生。而寒令之濕土。遇陽光普照。豈有不舒展之理。故於壬申年四月。委署餘姚縣長。至甲戌夏季。調篆湯溪。政譽卓著。近甫卸職。預料入甲午運。木能生火。而火生土。必較巳運尤勝。且甲與己合。官不混殺。交乙運合庚不利。

柯南評註：

殺無印不威，印無殺不顯。因為印綬為玉璽，主權力。此造為殺重攻身一仁可化。故於印旺之運巳運壬申年三刑得用而升為縣長。

日			
庚	己	庚	乙
午	未	辰	丑

六歲 己卯
十六 戊寅
廿六 丁丑
卅六 丙酉
四六 乙亥
五六 甲戌
六六 癸酉

右為程柏堂先生庚造。程籍紹興。光緒丁酉年拔貢截取京官。乙巳年出任蘇省華亭縣知縣多年。光復後。歷充釐差。並在江浙財政廳任祕書科長等職。工於八法。頗負盛名。家資鉅萬。伉儷和諧。查其庚造。蓋己土生於辰月。季土疊疊。午火居時。日元強旺無疑。或以日祿歸時沒官星取格。或以月劫用煞定評。按之旺者宜洩。季土疊疊。宜重金以吐秀。本命幼歲選拔萃科。歷官京曹。壯年出膺花封。政聲卓著。非其傷官得氣而何。精文學。擅八法。猶餘事耳。查大連甲運稍差。聞彼時篤信佛學。靜心休養。得以化險為夷。戌運癸運重列仕版一路順境。酉運食來混傷。難以言吉也。

柯南評註：

程先生之命應以庚金為用神。故於丁酉年拔貢截取京官。季土壘壘，以金吐秀。乙庚化金而化神庚金透出，《滴天髓》所謂化神還有幾般話；惜乙庚爭合，應為假化。

		日	
戊	丁	己	辛
申	巳	巳	未

八歲 戊午
十八 己未
廿八 庚申
卅八 辛酉
四八 壬戌
五八 癸亥
六八 甲子

己土日元。其性卑濕。能生木亦能潤金。生於巳月。赤帝司權。土隨母旺。日主高強。依理而推。當取正印為格。一派火土。混濁不清。所幸傷官傷盡。用之為奇。性極高傲。作事聰明。祖業不豐。尚堪溫飽。將來自手發展。獲資綦鉅。妻堅配。方免刑傷。子遲得。乃有收成。大運初行戊午己未。火土幫身。不見佳妙。庚申辛酉廿年。喜神透

清。添丁增口。財帛進門。壬癸財運。柱中劫多。暗受其損。恐多麻煩。亥運沖己。不利。（餘姚王吉哉先生之命造）

柯南評註：夏天火炎土燥之命，一般以調候為急。以申金洩秀為用神。故於庚申辛酉大運廿年升官發財！

燕春

	日		
辛	己	甲	庚
未	酉	申	戌

二歲 癸未
十二 壬午
廿二 辛巳
卅二 庚辰
四三 己卯
五二 戊寅

瑞冰

	日		
己	丙	癸	癸
丑	申	亥	丑

石軍長戀有二姝。欲納其一。以充箵室。不識二人之命。孰為優善。就決於余。余曰。庚戌之造。秋土薄弱。受重金之洩。秀氣盡發。富有傾國傾城之姿。惟甲木官星死絕。乃非命婦之格。或恐不安於室。或恐早賦孤鵠。良可畏也。

另一女命。乃癸丑、癸亥、日丙申、己丑。雖傷官見官。幸初冬水旺。又有申金之財。洩土生水。官星有力矣。身主固弱。宜用亥中甲木偏印。以之合傷幫身。姿色雖不逮前命豔麗。然兩相評較。彼則艱寒卑薄。此乃愜心貴當。石軍長雖韙余說。但終迷戀美色。卒娶庚戌秀豔之命。未閱半載。女果席捲遠颺。石軍長悔而無及。追從余囑之言。再覓癸丑之造。冀聯舊歡。詎料若女已嬪某君。安作商人婦矣。

柯南評註：

石軍長之兩女子，二選其一為妻之案例。同樣載於《呱呱集》中。故燕春與瑞冰之名均取錄自《呱呱集》（《千里命稿》中沒有提及兩女之化名。）。以古法論女命之八法八格，己酉日為旺子傷夫而丙申日為旺夫益子之命。故韋公批評石軍長貪戀燕春（己酉日）之美色，婚後未過半年已離異。而瑞冰（丙申日）則安為商人之婦。

庚	己	日 己	甲
午	丑	未	子

七歲 庚寅
十七 辛卯
廿七 壬辰
卅七 癸巳
四七 甲午
五七 乙未
六七 丙申

右係紹興益新玻璃廠主人劉炳輝先生之造。亦由蔣清渠君開示。囑余評斷。查己未日元。生於丑月。已值土旺用事。柱中土凡五見。所好者丑未逢沖。沖出丑中辛金食神。而年庚傷官。為辛金之助。一生安居樂業。財丁兩旺者。全賴於食傷之力也。本命八字取用。年祿既不足以言格。合化又見妒合難成。不如季土疊疊。喜重金以吐秀。月辛年庚。取用為妙。而時上之財有源。不特中饋得力。家境漸豐。子孫繩繩。全在丑未一沖。庚辛之力也。行運壬辰癸巳念年。財源逢庫。喜神遇長生。營業之發達。獲利之豐盈。無可比擬。生齒日繁。更意中事耳。甲運稍差。乙未運更順境。入丙運宜防衛。

柯南評註：

己土季月土旺之命，多以金吐秀。丑未一沖之下引出庚辛金之墓神（前後引從升遷吉，墓神遙繫看刑沖）。故於壬辰及癸巳運食傷生財大運經營發財。

己	丁	己	己
亥	丑	丑	巳

（日）

四歲 丙子
十四 乙亥
廿四 甲戌
三四 癸酉
四四 壬申
五四 辛未

此張君德輿之命。張君現任華安合群保壽公司上海營業部主任。或以己日己巳時。目為金神格。然此格早為陳素庵先生所闢去。祇能作亥丑拱子水財貴。土重水輕。身過於財以為斷。觀夫所行之運。自以金水為最佳。蓋金可以洩身之旺。水可以助財之力。故未來酉壬申辛。一路金水。奮發有為。謀福利於人群。創基業以潤屋。跂予望焉。據云。渠有同學陳其照君。同舟至美國留學。既同居同校。又同宿同膳。且八字亦類同。為己亥、丁丑、己丑、乙丑。僅相差一時。張君品學兼優。事業穩固。差堪溫飽而已。陳君則為南粵富商陳輔成先生之哲嗣。炳謙先生之令姪。得父產數百萬。以豪富聞於時。余觀陳君之造。金神格亦不足道。拱子水財貴。而又有乙木偏官。以制比肩。堪稱標本兩美。故與張君命局。雖屬相仿。而豪富殆尤過焉。

柯南評註：

張君之命，亥丑拱子。暗拱年月之天乙貴人（乙己鼠猴鄉）為年月互貴之格。用神應為年柱之亥水。

壬申癸酉運為金神入火鄉，富貴天下享。至於美國宿友陳君之命為同年月日之乙丑時。陳君則以時上乙木高透為用神（用神明透有情）。故早運入水鄉得父產數百萬，身旺入財鄉，富並陶朱。

千里命稿 062

戊	庚	日 己	壬
戌	申	酉	申

九歲	辛酉
十九	壬戌
廿九	癸亥
三九	甲子
四九	乙丑
五九	丙寅

右為一僧侶之命。孫福堂為余言。是僧三歲父母雙亡。七歲為舅氏鬻入某寺。落髮皈依。按己酉日元。生於申月。支全西方。干透庚壬。金勢猛烈。洩氣太過。局中無火。祇可用劫。然戊土虛脫。用神無力。終以身弱傷重。無印為病。固生成寒微之命也。喜忌篇云。日干旺甚無依。若不為僧即道。今乃知身弱無依。亦黃冠客。空桑子之一流耳。

九歲以來。皆行金水運。清淨無為。孑然一身。鮮淑堪言。然以後甲子乙丑。水木之鄉。亦不過謝絕紅塵。砥礪清修。誦經禮佛。度其老衲生涯而已。甲運若不圓寂。可至寅運以終樂土。

柯南評註：

僧侶之命，在子平八字學說內稱為道德命，此類命格多屬偏枯（五行偏向某一種或缺乏調候）之命。以師承南海呂氏一脈之八字神算訣云：「道德之命，火旺為僧，水旺為道。」如帶華蓋及亡劫聚氣者，更為超凡入聖之僧道。

時	日	月	年
	日		
辛	己	己	戊
未	未	未	辰

八歲 庚申
十八 辛酉
廿八 壬戌
三八 癸亥
四八 甲子
五八 乙丑

福建人林文波先生。在閩知余已久。比者。以事來申。造訪余廬。囑評其本人之命外。又垂詢其猶子命造。余曰。八字土得其七。況值火土並旺之候。強盛旺蓋達極點。若非時上辛金。秀氣焉得發越。然終有土重金埋。火多金熔之患。而病偏枯太甚。幸也。行運一路金水木。終身不逢火土。則豐裕顯達。發揚蹈厲。正如苗吐含葩。不旋踵而芳芬麗藻。矯強特立於社會中。固非凡庸一流。設無行運以濟之。直一殘廢飲恨之人耳。余閱命多矣。近世孩童之造。輒以偏枯為病。而行運每能相濟。且都綿亙數十年之久。故恆以一帆風順。有為相期許。子思作中庸。有曰。國家將興。必有禎祥。此亦禎祥之兆。誠如斯言。儻天不欲久困中國。非耶。

柯南評註：

《滴天髓》：濁氣偏枯，性乖情逆。命造以時上辛金為用神，但重重厚土埋金。一路運走金水之鄉，補原局之不足矣。

千里命稿 064

	日		
壬	己	乙	辛
申	亥	未	丑

七歲 丙申
十七 丁酉
二七 戊戌
三七 己亥
四七 庚子
五七 辛丑

此蘭英女史之命也。女史以善畫名於時。己生未月。身主不弱。地支丑未相沖。天干辛乙交戰。七殺為食神追制。不如亥中甲木正官。寄生於母宮之為美。應以官為夫星。時透壬財。則財以生官。而官不畏傷食尅制。宜其英姿颯爽。藝術絕倫。抑且夫子兩美。誠得天獨厚者也。戊戌十年劫財運。始而夫病幾危。繼則自身遇盜。亦云險矣。此後己運平滯。亥運以下。一路金水。蔗境餘甘。頤養安逸。神峰通攷載有一命。為辛丑、乙未、戊戌、庚申。乃重土重金。而祇有一木。正官受損太過。運至酉金。金再尅木。卒至自縊而亡。按此兩命。一以有財。而官不受害。所以福慧雙修。一以無財。而成偏枯之局。終自經於溝瀆。不綦慘乎。總之。女命首重夫子兩星。然求夫子兩宮之並美。更非財星不為功也。

柯南評註：

蘭英女史之命應以申金為用神，用神為傷官故有利藝術發展。大運利金水之運。《神峰通考》有一戊戌日自縊之女命，則以乙木被剋絕而自盡。可見戊土與己土在日元干性上，所取之用神大有不同。

千里命稿 065

時	日	月	年
	日		
戊	己	癸	丁
辰	亥	丑	亥

九歲　壬子
十九　辛亥
廿九　庚戌
卅九　己酉
四九　戊申
五九　丁未
六九　丙午

此為顧公之命。己生丑月。干透癸水。支見兩亥。辰又為蓄水之庫。財旺極矣。全得力於時上戊土之鎮水幫身。用神應即歸諸戊土劫財。良以無戊則安可任財。不任財則安得豪富。或取丑中辛金食神為用。恐身主更弱矣。兩亥夾丑。拱子水貴人。宜其疊膺鉅任。折衝壇玷。為國爭光。四支皆藏財。又有拱財。一生自多艷福。財重用劫。內助雖得力。仍不免鼓盆興歎。且剋妻獨在於戌運。是更命之可信矣。查前運多金水。花枝招展。境遇榮繁。然竊以戊運之用神得助。掌握重權。有更進者。申運順流而下。總之此命逢金水火土之運。皆不為惡。惟憎木之損傷用神。幸生平無木運。故三元不敗。堪稱得天獨厚者矣。

柯南評註：

顧公之命為財多身弱用比劫。亥丑拱子，夾拱連珠之天乙貴人。神煞與夾拱令其格局升級，得運之時成為富翁。

千里命稿 066

乙	日 己	辛	庚
亥	亥	巳	戌

十歲　庚辰
二十　己卯
三十　戊寅
四十　丁丑
五十　丙子
六十　乙亥

阮玲玉一死。轟動全國。吾友鄭君。特囑推究其命。余曰。己生巳月。因有兩亥。印綬沖散。時透乙木。因有庚辛。制殺太過。身主與七殺。一無可恃。故意志不堅。正途岐趨。莫之辨別。片念阨塞。死於非命。雖從兩夫。終無所歸。至於傷食並露。秀氣發越。固宜英敏豔麗。精藝絕倫。不為銀壇領袖。當亦作歌裙舞扇之翹楚也。今年兩乙三亥。天干金木之戰。地支水火之沖。乃滿盤啟釁。禍起蕭牆。失足成恨。一代藝人。竟埋黃土。甯不悲哉。

柯南評註：

影星阮玲玉於一九三八年三月八日，即己卯運之乙亥年服安眠藥自殺。為當時轟動全國之大新聞。八字學理上屬「已入亥宮遇陰木，終為損壽。」殺旺攻身而時上乙木（牆外桃花）攻剋日元而夭壽。

再論其夫宮（亥水）忌神因與男友同居而填實。凶神填實既為凶！如玲玉當時不與男友同居，或可避過一劫。

千里命稿 067

時	日	月	年
庚	己	庚	丁
午	巳	戌	亥

九歲	己酉
十九	戊申
廿九	丁未
卅九	丙午
四九	乙巳
五九	甲辰
六九	癸卯

此為蔣委員長之命也。庚金傷官既得九秋之餘氣。喜用雙透干頭。妙有火印制傷。為真神得用之體性。三命通會所載。金神入火鄉。富貴天下享。故貴為王侯之命是也。

夫以傷官佩印為用。運喜逢印。

不必再見傷食。早年申酉有駿骨牽鹽之歎。丁未運為火力不足。龍潛於淵。迨丙午運火侯功深。風雲際會。功業昭然矣。乙巳運木火媲美。仍是從心所欲。措天下於秦山之安。奠國家於苞桑之固。甲辰運傷官見官。解甲歸田是為上策。

柯南評註：

金神入火鄉，富貴天下享。金神格之分析詳見《三命通會》。蔣介石之命喜得庚金透出，得九秋金之墓氣引出。格局為土金傷官配印。土金傷官皆忌木，故韋公於一九三五年神機妙算出一交甲辰運便戰敗退守台灣，解甲歸田。

千里命稿 068

乙	丁	己（日）	甲
酉	亥	丑	子

九歲	丙戌
十九	乙酉
廿九	甲申
卅九	癸未
四九	壬午
五九	辛巳
六九	庚辰

前黑龍江代理主席郎官普先生。久耳余名。客春因公南下。道出海上。手某將軍命造。叩余休咎。爰為簡批曰。己見亥子丑。病於水盛。助成寒溼。妙有丁火煦融。更喜鄰於乙木。丁獲資助。則驅寒有力。且水生木而木生火。財也殺也印也。生生不息。八字貴重。良有以也。或謂此命天成格局。名化炁者。非篤論也。早年行運。碌碌無奇。

行屆未運。中藏乙丁。並含用神喜神。再逢辛未之年。宜乎一鳴驚人。一飛沖天。功立華夏。威震萬方矣。行及壬運。則又以水之助滛。燦爛光明。歸諸平淡。白圭之玷。莫非命也。午運丁火得祿。發揚蹈厲。全國仰之。上馬殺賊。跂予望之。辛運與乙丁互沖。功成歸隱。頤養天年。斯其時矣。

柯南評註：

黑龍江代理主席之命，應取丁火為用神。格成殺印相生。訣云：「寒土無火，生機盡滅。」故於午運用神得祿之時，位高權重。

辛	庚	日 庚	丙
亥	子	辰	戌

十一 己亥
廿一 戊戌
卅一 丁酉
四一 丙申
五一 乙未
六一 甲午
七一 癸巳

右係鄭希傑先生庚造。求學北平大學。推評四柱。庚金生於仲冬之月。坐下辰土。月干庚金。年干辛金。皆足為日元之助。身主健朗。可覘其德性堅定。作事精明。傷官坐月令。英華外發。聰明伶俐。年支遇文昌。學術高明。堪以預卜。身強宜洩。月支子水。正所以洩身之秀。而亥子會成北方。子辰半會水局。雖日方局不宜相混。要皆擁護傷官。

意向一致。則以傷官取格。自無疑義。時值冬令。水旺金強。嫌其過寒。所幸時上丙火透天。不惟冬日之可愛。調候亦關緊要。故兼取七煞為相。名曰傷官帶煞。行運丁酉丙申乙未甲午均佳。

柯南評註：

此造屬金水傷官格之水冷金寒愛丙丁。故運以丁丙之運為佳。可見冬天調候用神之重要性。

千里命稿 070

	日		
辛	庚	辛	辛
巳	申	丑	巳

六歲	庚子
十六	己亥
廿六	戊戌
三六	丁酉
四六	丙申
五六	乙未

此李先生之命造。干上庚辛西方一炁。支下巳為金之長生。丑為金之庫門。申為金之祿地。乃屬一行得氣。時在季冬。金寒而失令。則較遜色。故用巳內丙火。以煉其銳。以驅其寒。前行丙丁運。豐裕顯赫。申運壬申年。因某案而入獄。良以歲運皆申。丙火用神。臨於病地。又受壬水之尅。一時蠖屈。所不免耳。書云。丙臨申位。逢陽水難獲

延年。其不遭萎亡。已屬萬幸矣。未來之乙木運。丙子丁丑兩火年。東南並行。剝極必復。大器堪期於晚成也。

柯南評註：

李先生與上一造庚辰日之造相似。金水傷官喜見官之正格。故於丙申運之壬申年因制殺太過反為凶，而犯事入獄。

時	日	月	年
丁	庚	癸	丁
亥	子	丑	亥

九歲	壬子
十九	辛亥
廿九	庚戌
三九	己酉
四九	戊申
五九	丁未

嘉善沈恆甫君。雅好明理。時相過從。嘗示我一丐者之命（排列如上。）夫寒金喜火。所嫌支全亥子丑。北方水旺。又月干癸尅丁火。五行無木。未得生化之情。一片寒涼之局。宜其蓬飄萍泛。淪落天涯。歌板臨風。飯籃迎月。鵠形菜色。仰面求人矣。且運皆金水。縱不為東郭乞食。亦必為溝壑餓莩。設此等命局。運行東南木火。未始非季

子買臣。由困入亨之一流。富貴貧賤。固繫乎命。然運之榮枯盛衰。關鍵尤為重要。管子曰。壽之修短有數。命之顯晦有定。要皆運會豐塞維繫之。誠哉是言。我儕為人評命。對於運途之推敲不可或忽也。

柯南評註：

此乞丐之命，屬金水傷官喜見官用火之破格，因水旺為病。故韋氏指出運走金水之鄉為朱門餓殍。

	日		
丙	庚	己	壬
子	申	酉	午

八歲	庚戌
十八	辛亥
廿八	壬子
卅八	癸丑
四八	甲寅
五八	乙卯

此潮州人鄭君命造也。曩時請人批命。咸謂酉月庚申日。喜火鍛煉。應用丙殺。有勸其涉跡政界者。前歲囑余推評。余曰。庚金得祿旺於秋令。年干透壬。支會申子。水盛而居相位。丙火豈能敵相水而制旺金。五行缺木。丙更無力。殺弗能用。不如用壬水食神。以順金勢。並洩秀氣。士而為商。庶乎近之。金水澄清。貨殖餘暇。致力名山事業。

亦足以著述自豪。豈不快意。鄭君頷首應之日。幼攻舉子業。但終功名不售。年三十後。改營商務。則得心應手。尤以甲運盈財最鉅。並謂素工詞曲。願將畢生著作。付梓問世。洵哉。評命擇業。關鍵全繫乎用神之斟酌。設鄭君羨慕虛榮。而信用殺之一言。終身捲入宦海。恐一官半秩。且未得意。詎不惜乎。預卜寅乙兩運。食神見財。營商獲利。更有厚望焉。

柯南評註：

鄭君之命為庚金得壬水而清（吐秀）。秋金肅殺之氣，以壬水之沖天奔地之體性，方能洩強金之氣。故大利營商及運喜財鄉。

千里命稿 073

		日	
己	庚	庚	己
酉	午	子	卯

十歲 辛未
二十 壬申
三十 癸酉
四十 甲戌
五十 乙亥
六十 丙子

張翁家有一女傭。年踰風信。貌奇醜。面且麻。迄今未嫁。恐畢生難膺人選。故乞推究其命。余曰。庚生午月。干透己土。為正印格。午內丁火司令。則正官乘權。官印並美。為坤福之兆。命婦格局。固已成立。或以子午卯酉。四敗四沖非之。然子水傷官。失其時令。與午相沖。滴天髓所謂沖衰則拔。沖旺則發。午火正官。非惟不畏其沖。且因沖而益見矯強。子則沖拔。是庸何傷。至於卯酉地位遠隔。更無沖意。奚足為病。四敗之說。亦不可盡拘。惟現行申金。運為祿堂。所以吉星未照。錐未脫穎。龍未點睛。一旦時運轉圜。行至癸水。既濟功成。即入昌明之路矣。甲運以後。尤見發揚。孟光之案與眉齊。相夫立極。彼梁鴻乘機而起。未始非得力於內助也。

柯南評註：

《三命通會》金玉賦：「要知女命難婚，運入背夫之鄉。」此女傭之命，一路運走金水傷官之鄉，剋絕夫星。背夫之鄉而終身難嫁。

		日	
壬	壬	庚	丁
子	子	辰	丑

九歲 辛亥
十九 庚戌
廿九 己酉
卅九 戊申
四九 丁未
五九 丙午

此名妓花月影之命。庚生嘉冬。兩見壬子。辰丑又皆溼土。區區丁火。瑜不掩瑕。危險直如風燭。夫星與身主。兩有所缺。以致早落平康。年方及笄。即出應徵。送往迎來。極盡歡笑。然二十四歲達入戌運。戌乃火庫。亦為燥土。更以流年如丙子丁丑戊寅己卯。中南順行。當有貴客垂青。納為擁抱。從此附驥益顯。獲掌家政。苟得忠心侍主。

舉案勤勞。以後美運接軫。或堪身列命婦。福祿綿延。晚歲純行南方火運。蔗境更榮。詩云。永言配命。自求多福。固非吳下歌女嬛也。細按命之水清如鏡。理宜丰姿卓犖。陽春白雪。婉囀歌喉。不失為秦樓楚館中豔美之名焉。或謂女命水多。性同鴿雀。吁。是則語涉猥褻。豈文人名教中所能道耶。

柯南評註：

妓花月影之命，如同一般妓藝一樣，均是食傷旺而偏枯之命。調候不足，難臻上品。以丁未與丙午之晚運為佳。

千里命稿 075

時	日	月	年
	日		
己	庚	乙	甲
卯	辰	亥	午

二歲　丙子
十二　丁丑
廿二　戊寅
卅二　己卯
四二　庚辰
五二　辛巳

此某財長造。十月庚金。水冷性寒。喜己土制水。午火取暖。而乙庚合。甲己合。財印不悖。各立門戶。月日時又出於一旬。名一旬三位。斯更可貴。果幹英明。總攬全國財政。非偶然也。運程宜助宜幫。刻走庚金。病於妒合。自非正運。將來辰辛兩步。土金強身。官場愈加熱鬧。名路益見光榮。巳運為亥所沖。則宜知機引退矣。

柯南評註：

此財長應為從財格之命，故總攬全國之財政要務（財星為喜用神）。運喜水木財鄉。

千里命稿 076

己	庚	日 庚	丙
酉	午	子	子

六歲　己巳
十六　戊辰
二六　丁卯
三六　丙寅
四六　乙丑
五六　甲子
六六　癸亥

或有以猶太富商哈同生庚。譯為陰歷。演成命局。浼余推測。雖未必可恃。然詧其八字。殺旺用印。固非凡庸之輩。但空拳致富。竟為滬上地產大王。實行運有以致之。蓋自三十歲後。歷行數十年水木財鄉。所當豪門珠履。貫朽粟陳。為地主領袖。稱海內鉅富。至於七殺少制。傷官無力。是以伯道無兒。子夏喪明。絕其後嗣。是亦畫龍雖好。點睛未成。牡丹吐艷。綠葉少助耳。

按富貴人未必皆富貴命。或行運輔之以成也。反之貧賤人亦然。洵哉。孔孟所謂命也運也。運之視命。似屬更不可強矣。

柯南評註：

富商哈同之命同載於《呱呱集》。理應用神為丙火，用神根源承氣自月令之午火，故為真神得用平生貴！運行木火之鄉致富發財。

千里命稿 077

	日		
己	庚	丙	丁
卯	午	午	卯

五歲　乙巳
十五　甲辰
二五　癸卯
三五　壬寅
四五　辛丑
五五　庚子
六五　己亥

此某聞人命也。識者咸云官殺混雜。財官過強為疑。竊以庚生午月。干透丁己。為純粹正官正印之格。殺之混官。是無傷害。木火雖盛。妙有己土之洩火生身。弱中有氣。全得力於時上正印。宜其溫良恭儉。建樹鎡基。昭然為江左聞人。況太君賢德。鄉里咸稱。濟苦恤貧。樂而不倦。祖德既裕。母教又足以踵鍾郝而紹陶歐。是更官印相生之故歟。惟火旺無水。似嫌亢炎。故名高利淡。積勞寡逸。早年多木火運。備嘗困阨。壬運以來。一路金水。百尺竿頭。蒸蒸日上。兼以所經營者。多金水商業。更宜如月之恆。如日之升矣。刻在己運。仍其舊貫。七十歲之亥運。蔗境餘甘。再後戊運康強逢吉。老當益壯。豐厚境遇。不讓於前。當以社會事業。光輝國史也。戌運化火。明哲保身。享受考終而已。

柯南評註：

此名人之造殺旺攻身之辛苦命，以己土化殺生身為用。格成殺印相生。但夏天出生之命，一般都是大運利金水之鄉。

千里命稿 078

		日	
戊	癸	庚	戊
子	亥	寅	寅

九歲	甲子
十九	乙丑
二九	丙寅
三九	丁卯
四九	戊辰
五九	己巳

右為冼冠生大實業家命造。冼先生赤手創辦冠生園。範圍由狹而廣。所製糖果餅乾。現已媲美外貨。挽回漏巵。不可勝計。其精神既屬可敬。其宗旨更屬可欽。因由薛君介紹。來詢休咎於余。余簡為批曰。庚金生於初冬水令。地支水木林立。財重身輕。得力於時上戊土之偏印。制水幫身。功莫大焉。自必毅力勝人。思想銳敏。已往之運。泰半

屬火。生土而暖金。故如枯苗得雨。勃然興之。又如疾風勁草。再接再厲。四十九歲交進戊運。幫助用神。後來居上。更可翱翔雲天。卓立偉業。辰運亦有喜無憂。己運稍遜。夕陽雖好。紅不多時矣。

柯南評註：

實業家洗冠生之命為財旺之從兒格，只要吾兒又見兒。大企業家之命多半財星為喜用神。故善於理財經營。

	日		
庚	庚	辛	辛
辰	子	卯	亥

九歲	庚寅
十九	己丑
廿九	戊子
卅九	丁亥
四九	丙戌
五九	乙酉

右為千里自造。識者咸謂憾於無火。然春金固非當令。乏土之生。則且無根。縱天干庚辛林立。《子平真詮》云。得三比肩。不如得一長生祿刃。可見徒多比劫。而日元無氣。非是真強矧。又亥卯會成木局。干辰會成水局。水與木皆有挫於金乎。火能榮金。有火固可顯達。無火則一寒儒而已。然寒弱之金。逢微火當可得志。逢巨火則不勝其尅。

或且因貴顯而惹禍殃。此孔子所謂過猶不及者是也。若云水木兩局。財星甚旺。亦《滴天髓》所謂何以其人富。財氣通門戶者歟。無如身不任財。難免富屋貧人之譏。正合我今日之筆耕終夕。硯田枯澀者也。然則富貴皆無大望。我將永自韜養矣。嘗以身弱之命。與身強之命相較。同走好運。同處美境。而其速率與份量。大相懸殊。身強者每遠過於身弱者。此余屢試不爽。故益信拙造之身弱。恐終其身。不過爾爾也。查行運。方今行至丑字。尚屬順利。將來戊字或更進一步。子運恐阨於病。但蓋頭屬戊。當無生命之危。丁運少濟。亥運伏櫪。丙運以下。老更無為矣。

柯南評註：

韋公千里之自批亦同載於《呱呱集》。為財多身弱用比劫之命。故晚年以八字與六壬神課（宋美齡為其客人）而成名。晚年運佳因財多身弱運喜補祿刃之鄉。

千里命稿 080

戊	乙	辛（日）	壬
子	丑	丑	辰

五歲	丙寅
十五	丁卯
廿五	戊辰
卅五	己巳
四五	庚午
五五	辛未
六五	壬申

鄭正秋先生。經才緯抱。四海知名。其於戲劇及電影。不過寄情抒懷。效生公之說法。予世人以鍼砭而已。頃以噩耗傳來。大雅云亡。不勝人琴之慨。爰乘本書付梓之際。特批其命。藉誌哀悼。余與先生。由詩文之酬酢。交締忘年。先生最信余課。遇重要機密。輒委占六壬。時蒙以有為期許。拳注彌殷。每挹其芝光。聆其蘭語。恆令人一往情

深。不能自已。查先生之命造。辛誕寒冬。疊逢重土盛水。既患寒濕。又兼柔弱。所以質同蒲柳。未老先凋。早年丙寅丁卯等運。東南濟美。學冠群英。迨交戊辰重土。書劍飄零。風塵潦倒。己運亦未償宿負。巳庚兩部。一火一金。方見飛騰。何期歲逢乙亥。月遇癸未。亥子丑會北方。癸水又助濕。丑未再沖動。哲人遽萎。社會上又失一急公好義。學養俱深之俊彥。能不長歌一哭乎。

柯南評註：

鄭正秋之命以辛金喜用壬水，用神為傷官。故為電影界之編劇（類似周星馳之造）。故於乙巳運之乙亥年（地戰急如火）而仙遊。

千里命稿 081

	日		
甲	辛	丁	甲
午	酉	丑	午

八歲　戊寅
十八　己卯
廿八　庚辰
卅八　辛巳
四八　壬午
五八　癸未

周信芳君。藝名麒麟童。具雋才。為劇界全能。稱梨園宗匠。余視其命造。財殺兩強。而以日坐比祿。月得印綬為根。第日主較弱。不堪任財任殺。所以富貴非願。絃歌寄情。仗義疏財。安貧潔己。然支中土金重重。可以幫身。是謂明病暗藥。宜其一曲風傳。萬人擊賞。殊非尋常優孟。可與同日而語也。再核運程。庚辰辛一派土金。盛名勿替。明年進巳字。三合金局。樓臺更上。四十八歲後。壬午十年。側重財殺。恐多糾紛。而宜倦飛知還矣。

柯南評註：

身殺兩停之命，一般以殺為用或用印化殺。命隨運轉用神變，如行比劫旺之運，便很大機會以殺為用神，反之亦然，財黨殺旺之運便會用印。

時	日	月	年
戊	辛	庚	辛
子	巳	寅	卯

七歲　己丑
十七　戊子
廿七　丁亥
卅七　丙戌
四七　乙酉
五七　甲申

此造前當軍官。行運走至亥字。流為綁匪。戊辰冬令。奉判徒刑十三年。現尚繫獄。囹圄生涯。殊形艱困。余視其命。無甚破敗。殊覺百思不解。客窗無俚。重溫滴天髓。見有載天履地人為貴。順則吉兮凶由悖二語。始恍然大悟。蓋此命年柱辛金尅卯木。月柱庚金尅寅木。時柱戊土尅子水。日柱巳火尅辛金。干支覆載。悖逆刺謬。雖幫身眾多。

而財食無能為力。所賴巳火制金。身強用官。運至亥水。適沖巳火。固宜墮落人格。甘為盜蹠。丙運戊辰年。土重如崩。縲絏羈身。前程斷送。夫又何疑耶。

柯南評註：

財黨殺旺攻身之命，復行食傷之傷官見官運。因食傷（貪念）生財破印而淪為綁匪，而被判刑十三年（戊辰年入獄，學理上，因財破印惹官非，寅卯辰會木局破印，忌神聚氣而其性凶猛。）

壬	壬	日 辛	己
寅	寅	未	丑

六歲	癸卯
十六	甲辰
廿六	乙巳
卅六	丙午
四六	丁未
五六	戊申
六六	己酉

離婚之風日盛。夫婦之道愈乖。壬申初春。有王姓婦者。囑評其夫君命造。據謂溺情聲色。流連博弈。外宿多日。輒不一歸。婦備受精神痛苦。擬與仳離。余曰。辛金雙見壬寅。又值春木萌動。財多身弱。幸時上己土。納水生金。又得丑未之根。救弱主而任財。夫雖陽氣已動。節候尚寒。土金均無暖氣。未中之丁。見奪於丑內之癸。寅中之

丙。懾服于干頭之壬。八字尚欠精神。自然之理也。乙運乙己之沖。己土用神受損。宜其如無鞍之馬。無楫之舟。隨波逐流。從人徵逐而莫由自主。試問貴夫子是否念六歲起。迷沉淫樂耶。婦曰。然。余曰。是庸何傷。三十一歲歲尾。達足巳運。火來欣發。熾昌康泰。是應發揚蹈厲。丕振家聲。認定正途。悔悟前非。則賢伉儷和好如初。齊眉偕老。奚必一時不克忍耐乎。婦乃暢然意滿。興辭而退。後果應驗余斷。婦又詢余。伊夫之後運如何。余曰。三十六歲以下。丙午丁三運尤佳。後來居上。快哉快哉。

柯南評註：

現今社會，離婚案件已司空見慣。俗語云：「相見好，同住難。」兩情相悅繼而共賦同居者，經常因個人的生活習慣、理念、社會、經濟等因素影響雙方關係。故柯南建議夫妻之間宜忍讓，保持正能量的相處。否則每天都在家吵架或是黑面相對，離異未必是壞事。

此命日支與時支相沖，故於中年離婚。柯南在教學時常言：「辛金最多孤寡命！」親愛的讀者，你知道學理上的原因嗎？

		日	
甲	丙	辛	壬
辰	子	丑	辰

三歲	丁丑
十三	戊寅
廿三	己卯
卅三	庚辰
四三	辛巳
五三	壬午

近世談命者。凡見日干與他干相合。動輒以化氣格論。不知假化則庸俗無奇。真化則談何容易。書云：「化之真者。名公鉅卿。化之假者。異性孤兒。」可見化之貴乎真也。上為宜陽縣政府張時甫先生命造。夫丙辛之合。時在嘉冬。可以化水。壬水元神透出。尤為純粹。丑辰皆濕土。不能剋水。祇可蓄水。當不為病。是乃化格之真者。雖不

必為名公鉅卿。要非池中物也。早年運都屬土鄉。一肩行李。兩袖清風。三十三後。庚運之生水。辰運辛運之化水。飛騰上進。詎可限量。巳運土金並藏。瑕瑜互見。壬運助格。尤見燦爛。午運被子水沖拔。夕陽在山。為時不久矣。張君遙聞余名。通函囑評其造。余以其化格清純。殊不多觀。前程當必大有可觀。故特誌之。以視將來。

柯南評註：

韋公解釋化氣格之真假，假化之人為庸俗常人，真化之人甚少，多為王侯高官之命。「化之真者，名公鉅卿，化之假者，異性孤兒。」此命之化神壬水透出時柱，故為真化氣格。庚運生旺化神，前途無可限量。

千里命稿 085

時	日	月	年
戊	辛	戊	戊
戌	丑	午	辰

三歲	己未
十三	庚申
二三	辛酉
三三	壬戌
四三	癸亥
五三	甲子

此造產生甫經匝月。即遭夭折。初視之。殺印相生。不似殤孩。然重重厚土埋藏。脆嫩之金。五行無木。未得疏揚之利。一重午火。缺木之生。多土之晦。更無能為力。《滴天髓》所謂氣濁神枯者是也。渠父於產後即囑余推算。並欲選一湯餅之期。余謂之日。近則己未月。遠則己巳年。土勢猛烈。蘭摧玉折。堪為憂慮。後果於六月病亡。誠

哉。命有定數。不可強也。客歲又見一命。與此造類同。惟為甲午時。土有木疏。宜其聰穎堅強。然未來庚運之沖甲。殊屬不利。姑視其後。竊恐亦非壽徵耳。

柯南評註：

此辛金日元之嬰兒夭折命，屬於何知其人夭，氣濁神枯了。辛金干性上，畏土之多，樂水之盈。由於日元之本性上忌土多，因土厚埋金而夭於戊戌年己未月。

	日		
戊	辛	丁	甲
戊	未	丑	辰

二歲	戊寅
十二	己卯
廿二	庚辰
卅二	辛巳
四二	壬午
五二	癸未

此為杜白先生之命。杜先生供職郵局。客歲從余學命。一年來頗見猛進。近蒙討論其本命之喜忌。余曰。辛生冬尾春前。四支皆土。時座透戊。則更不免土重金埋。年頭甲木。足可制土。何奈丁火毗鄰。洩木生土。病根深矣。自喜水之尅丁。木之疏土。而獨忌火土之助虐。逢金雖傷甲木。但能幫身。稍解母旺子虛之苦。不作劣論。一生以庚

辛運足可溫飽。壬運合丁。如鴻毛遇風。飄然而舉。枯苗得雨。勃然而興。巳午運生土堪憂。幸蓋頭為辛壬。天不困人。瑕瑜互見而已。三命通會載有一舉人命。為甲寅丁丑辛未戊戌。與君造僅差一字。緣甲座寅位。財較得力。制土功深。所以有剌謬之別矣。然亦以丁火為病。故功名止於孝廉。不能再進官階也。

柯南評註：

杜白先生為韋千里之八字學生，古時學習術數之人，多半為命局五行土旺而且格局有缺失之人。故只有庚運辛運可足溫飽。

黃君之命以壬辰日推算

	日		
庚	壬	甲	癸
子	辰	寅	巳

黃君之命以辛卯日推算

	日		
庚	辛	甲	癸
子	卯	寅	巳

七歲	癸丑
十七	壬子
廿七	辛亥
卅七	庚戌
四七	己酉
五七	戊申

俗有所謂早子時夜子時之分別者。乃以晚間十二時前。為本日之夜子時。十二時後。為下日之早子時。此論曆法則或可。論命則萬萬不可。

考曆書之稱夜子時。蓋表明節氣之交換。在於子時之初（即十二句鐘之前）也。故祇有夜子初幾刻幾分。從未言及夜子正幾刻幾分。子時既正。固無所謂夜矣。可見夜字者。僅包括子時之前段耳。後人訛以夜子時為本日之子時。早子時為下一日之子時。且又憑之論命。無怪有毫釐千里之差矣。

今以黃君之命。舉為例證。黃君生於光緒十九年正月初七日。晚間十一時半。八字排列如上。壬日坐庫。時落庚子。年上見癸。生扶者眾。不以弱論。況在初春。壬水餘威未失。乃喜木之洩。秀火之欣發。逢土剋制。亦不為畏。故四十二歲前。一派金水運。浮沉宦海。栗碌無善。位不過科員。祿不過百金。去歲交入戌運。流年亦為戌。戌是燥土。有鎮水及溫煦之功。宜其擢升科長。

明歲起。即逢丙丁戊己流年。雲程更上。當敢預卜。未來臆斷。固不可盡信。已過之事。卻已應驗。乃有人堅謂是年正月初七。為辛卯日。晚間十一時半。乃屬辛卯日之夜子時。八字應為癸巳甲寅辛卯戊子。然命局財多身弱。何以前行庚辛幫身運。一籌莫展。更何以去年甲戌。身弱逢財。忽得良遇。往事皆無可符者。豈可據以為信乎。

倘更質以誠如君言。則是日上午零時二十分。與晚間十一時半所生者。皆為辛卯日戊子時。距離有十一個鐘點之差。而八字竟完全相同。寧有是理耶。不知彼將何以答我。

（按：此篇曾發表於《時代日報》命學講座旋接蘇州紫蘭巷十三號朱傲骨先生來函。謂夜子時理應日用今日。時用明日。蓋基於星平大成所謂今日之夜。非明日之早也。並蒙將黃君八字。改為癸巳甲寅辛卯庚子。又加評論曰。庚為幫身。甲庚交戰。財已劫去。是以不作財多身弱論。庚運劫財。財逢劫奪。粟碌固宜。去年歲運俱戌。戌為陽土。為正印。土生金。財逢印以遷官。擢升科長。又何疑乎。窮通寶鑑云。春月之金。餘寒未盡。性柔得土生乃妙。謹此照錄如上。以待高明揣究。）

柯南評註：

韋公開首解釋早子時與夜子時之原理，並用辛卯日之命與壬辰日之八字作比較，明確指出黃君之命應為壬辰日庚子時，《窮通寶鑑》：「正月壬水，汪洋之象，淵淵不息。既失其令，亦無泛濫之虞，蓋水性秉弱故也。先用庚金發水之源，次取丙火以除寒氣，又取戊土以止其流，不致汪洋無度。」故庚戌運齊備了庚金發水源和戌中戊土，辰戌一沖引出丁火，而成甲戌年之甲庚丁美格，故於庚戌運之甲戌年升為科長。

遇有不確定時辰／日子的命盤，最好的方法是用以往的事蹟年表去反證，科學求真，真相永遠只有一個！

	日		
辛	壬	戊	庚
亥	子	子	申

二歲 己丑
十二 庚寅
廿二 辛卯
三二 壬辰
四二 癸巳
五二 甲午
六二 乙未

此王某之命也。自幼迄今。胼手胝足。傭役於余友秦贊臣家。未嘗娶妻。孑然一身。幸侍主忠誠。故為秦氏三代蒼頭健奴。余因好奇。曾視其命造。乃壬水生於仲冬。三逢祿旺。所謂昆崙之水。可順而不可逆。月上戊土。煢煢孑立。既不足以制水。反又激水之怒。庚辛兩金。洩土生水。尤足為病。是真身旺無依。老健徒苦而已。四十七歲前。

一派金水運。不轉溝壑。而得溫飽。已為儌天之幸。已運以還。運轉東南木火。應見起色。據云。三十年來。已積蓄二千餘金。且勤勞如故。其志可嘉。明年換入申運。申之助水。更形泛濫。保身以沒。意中事也。

柯南評註：

王某為一兵卒，仲冬崑崙之水，只能順其勢而行。一透戊土即屬破格，故無娶妻亦無功名。四十七歲以前一派金水之運，待巳運財旺之鄉，應可娶妻。（因原局比劫極旺屬極剋妻之命，故不娶妻反而減少刑剋。）

千里命稿 089

坤

癸	壬	己	乙
卯	午	卯	亥

乾

丙	壬	己	乙
午	午	卯	亥

乾

丁	壬	己	乙
未	午	卯	亥

十一	庚辰
廿一	辛巳
卅一	壬午
四一	癸未
五一	甲申
六一	乙酉

有具名雁峰飄流客者。寓書與余。告余本埠南市某家姓。有一青衣婢。同日產生三孩。初落地者為女嬰（其命排列如上）次乃男孩。八字為乙亥、己卯、壬午、丙午。再次者亦屬乾麟。四柱為乙亥、己卯、壬午、丁未。並囑余推評優劣。余特簡覆曰。女命傷官太重。官星無力。又乏印綬以制傷保身。一無可取。本年乙亥。傷官更厲。恐即夭殤。蓋夢幻泡影而已。次生男造。傷官得祿於卯月。正官得祿於午時。更喜時上丙財。

洩木生火。周旋於傷官正官之間。應作從財格論。走火土運不為忌。僅子運沖午。稍形不利。再次之男命。乃交互得祿。且為純粹化木之格。八字無金。行運又無金。大貴之徵。將來積學深造。出冠多士。正如馬蹄春風。長途萬里之才也。三命較量。次出之命較首出為優。後出之命。更較次出為優。儻所謂後來居上者。非耶。

柯南評註：

三個小兒之命，韋氏認為以最後丁未時之財來合我最佳，壬水之化則有情。丙午時則為壬水之從則相濟（從財格）。而最早出世之癸卯時女命則因傷官太旺易為女強人或風塵之命。

	日		
辛	壬	丙	甲
亥	寅	子	辰

二歲 丁丑
十二 戊寅
廿二 己卯
卅二 庚辰
四二 辛巳
五二 壬午
六二 癸未

右為摯友王君命造。十七歲來滬。就學金業。十九歲憤師友之苛束。自營標金。廿三廿四兩年。盈財五十餘萬。茲已息影家園。稱素封矣。視其八字。洵不偶然。蓋壬水生於仲冬。羊刃當權。年月木火失令。似屬凡庸。所妙日支為寅。時支為亥。乃木火之生地。且寅亥合。則木火之氣愈貫。子辰會。則食神反得生扶。《滴天髓》所謂。何以其人富。財氣通門戶是也。已往寅運。包藏一甲一丙。發軔雲程。立志卓犖。故非常人所能望其項背。己運為正官。中逢廿三丙寅。廿四丁卯。兩大火年。以濟其美。自宜點金有術。一躍致富。卯運以來。流年平滯。不過保持仍舊而已。此後庚辰辛等運。每況愈下。還防波折。萬不可再圖徼倖。巳運則敷演家聲。發揚蹈厲。有更上層樓之可能。謂余不信。請觀其後。

柯南評註：

壬水日元月令陽刃當令，故用神取丙火偏財星為用。格成食神生財格。故於己卯運之丙寅丁卯年發財。

	日		
癸	庚	壬	辛
酉	申	子	亥

八歲 己未
十八 戊午
二八 丁巳
三八 丙辰
四八 乙卯
五八 甲寅
六八 癸丑

右命為兩行成象。蓋庚辛申酉西方金。壬癸亥子北方水。金水各居其半。兩行相停。無火土混淆。益以壬祿在亥。庚祿在申。癸祿在子。辛祿在酉。又稱交祿。洵貴格也。王元鼎囑余推評。余曰。當必仕宦中人。決非凡俗一流。其清純無疵。亦且權高位崇。廉潔有政聲。漢代循吏。不是過也。余因詢之王君。此命為何許人。王君笑而應之曰。

先生言之誠是。惟其姓名。恕守秘密。想必袞袞諸公。政界翹楚之一耳。據聞四十歲前。粟祿鮮祥。辰運後。方見風雲際會。蓋早年一派火土運。火之尅金。土之尅水。大悖於格。自屬坎坷。迨辰運之會成水局。乙卯甲三運。木之洩秀。宜其平地聲雷。登龍門而名高望重。展驥足以氣吐眉揚。寅運沖申。雖有亥合。終屬不利。幸勿戀棧。早退林泉為妙。

柯南評註：

此政界中人，韋公認為此命屬壬水之專旺格。水日元之從旺格又可以稱為潤下格。以順水木之勢為美，故乙卯甲寅運大利。

千里命稿 092

	日		
癸	壬	丙	癸
卯	申	辰	巳

一歲 乙卯
十一 甲寅
廿一 癸丑
卅一 壬子
四一 辛亥
五一 庚戌

此為前中央研究院院長楊杏佛先生之命。考其辰月壬申日。並得生地庫地。夫又癸水雙透。身強有餘。應用丙火之財。而巳為丙祿。卯為丙母。財有淵源。胥賴乎此。一代文豪。且為文官。固其宜也。蓋命局和靜。病藥停勻。身分超拔。若合符節。四十一歲交辛運。辛來合丙。流年復逢癸酉。酉更沖卯。一片汪洋。用神盡拔。故不免為人狙擊。亦猶博浪沙終。良可惋惜。以前壬運癸亥年。亦滿盤是水。乃得康莊平坦。誠使人百思而不解。然進而思之。巳亥雖沖。究輕於卯酉之沖。則益信用神之祿。沖去猶可。用神之母。萬不可沖。是又增我一番經驗矣。

柯南評註：

中央研究院院長之命，用神應為丙火。於辛亥（馬頭帶劍）之運，沖剋用神丙火之根源巳火，癸酉年（陽刃出鞘）被槍擊暗殺身亡。故韋公後段申訴用神之母（巳），萬不可沖傷！根在苗先，實從花後也。

庚	己	日 壬	辛
辰	卯	寅	丑

八歲 庚辰
十八 辛巳
廿八 壬午
卅八 癸未
四八 甲申
五八 乙酉

此蔣邦彥先生命也。蔣君幼年窮困。劬學無遺。黌舍蜚聲。早登鄉榜。壬運入仕版。歷膺浙江財政廳長。溫州關監督等使命。甲子年後。隨張宗昌服官魯垣。執掌財權。擁資數百萬。迨宗昌失敗。同避日本。戊辰年甲子月。被宗昌遣人潛殺于寓邸。夫壬日春生。寅卯辰會起木局。木多水縮為患。自取庚金為用。賴其生水制木也。以言格局。乃傷官用印耳。春金廢而無力。萬不可逢火。幸不見財星。印無傷害。天干己庚辛壬。地支丑寅卯辰。金水木聯珠一氣。精神飽滿。皆為貴徵。顯赫一時。固所宜焉。壬運比肩幫身。故為發軔之始。以後僅午運稍遜。癸未運不惡。甲運敵庚。戊辰年本為七殺助印。乃慑於運君甲木之剋。甲子月。甲又剋戊。自難免罹凶禍。按此年正月甲寅。已有死亡之可能。雖幸而越過。至甲子月。終於戕身慘斃。可見命有前定。不可挽也。

柯南評註：

前浙江財政廳長之命，為壬水日元之水木傷官配印。一交甲申運之際，於甲子月（陽刃合局）被暗殺於大連寓所。訣云：「日犯歲君，災殃必重。」

乾			
丁	癸	癸	乙
未	卯	亥	卯

坤			
丁	壬	壬	庚
亥	子	午	子

八歲	癸丑
十八	甲寅
廿八	乙卯
卅八	丙辰
四八	丁巳
五八	戊午

客有述發橫財事者。流俗心理。娓娓動聽。余因憶及二命焉。一即上列女命。壬水得祿旺於亥子。亦且水歸冬旺。身主強健。丁午兩財。既衰弱無根。又受沖受合。乃不類富有之人。然行運多木火。東南之暖。足以濟命局西北之寒。故處境裕如。夫子並榮。尤以丙運丙寅年。木火根深。財旺達於極點。固於秋間。獨得上海跑馬香檳頭獎。

現又有一命。為丁未、癸卯、癸亥、乙卯。或媚其旺食生財。必富無疑。余獨謂癸水不任眾木。求富大難。押或因高致禍。無非金水歲運。弱主得助。方可積玉堆金。其人極信余言。蓋渠於丑運丁卯年，曾中萬國儲蓄會頭獎。終以木火太旺。財多身弱。富非應得。既遭回祿。又臥病二載。所得不償所失。

直至二十三歲交庚運。始見順利。癸酉年又是金水幫身。是以十謀九成。且於冬季。得中航空獎券之頭獎。今已小康。雖仍依人作嫁。然時作公債投機。動獲巨利。精神愉快。遠勝於一般大資本家云。

柯南評註：

比劫旺之命，橫財運一般遠勝於財旺之命。壬午日之女命水歸冬旺，祿刃俱全。故於丙辰運之丙寅年中頭馬。

至於癸亥日之男命於辛丑運丁卯年中頭獎，但財多身弱之命一有橫財必然有禍，身弱不能任起財星。所以其家立即火災，又臥病兩年。至庚子運之癸酉年金水兩旺印比扶身，又中航空獎券之頭獎。能否任起橫財，需視乎日元的旺弱。

千里命稿 095

時	日	月	年
辛	壬	癸	庚
丑	午	未	午

四歲	甲申
十四	乙酉
廿四	丙戌
卅四	丁亥
四四	戊子
五四	己丑

右係蕭山金伯平先生之三公子。德潤孩造。壬日坐午。號曰祿馬同鄉。言其有財有官也。生於立秋前十日。未月己土用事。官臨旺地。印綬透天干。正財伏兩午。財官印三奇俱全。洵上乘之命也。未月壬水。力本薄弱。今有癸水幫身。兩印生身。弱而不弱矣。宜於政界立身。位高權重。收入亦豐。但劫財透干。剝削極重。乙亥丙子二年。上

學讀書最利。行運自酉字起。至亥字止。俱臻佳妙。戊運平平。子運羊刃逢沖。家口多麻煩。骨肉有刑傷。己丑十年亦佳。庚辛兩運。恐有不利。

柯南評註：

六壬生逢午位，號曰祿馬同鄉。此命屬財官印之三奇貴格。以庚金為用，格成官印相生。年干天乙貴人臨月支與時支，一生貴人多助，大利政界發展。

千里命稿 096

己	日 壬	庚	乙
酉	寅	辰	酉

十八	己卯
十五	戊寅
廿五	丁丑
卅五	丙子
四五	乙亥
五五	甲戌

孫傳芳死矣。世之論其功過者。嘖有煩言。無須再贅。惟既放下屠刀。皈依三寶。仍不善終。莫非命也。亦為吾人所急欲研究者也。夫壬水歸庫於辰。金凡三見。乙木合去。金水佔優。以身強論。己土之官。助印有餘。拘身不足。應棄而用寅內丙財。賴其破印。並以為表張耳。盛於丙運。用神得助也。致於子運之末。用火忌見水也。乙運以

還。寂然無聞。亥運合寅奪丙。每況愈下。本年乙亥。再逢十月亥建。三亥交攻。用神潰敗。殺人者終被人殺。夫復何疑。

柯南評註：

孫傳芳為民國時代之軍閥，壬水以寅木為用神。於乙亥運之乙亥年因歲運並臨，災殃立至而被暗殺。在神煞方面，實為亡劫不宜真六合！

千里命稿 097

		日	
庚	乙	癸	庚
辰	酉	卯	申

十歲	丙戌
二十	丁亥
三十	戊子
四十	己丑
五十	庚寅
六十	辛卯

此造為從強格。蓋秋金當令。乙從庚化。辰從酉化。時落庚申。卯被申酉夾剋。滿盤是金。癸水得其生。命書所謂二人同心是也。所貴者。五行絕火。而為純金。或略見財星。即是印重身輕之命。一線之差。判若天淵。論命之難。於此可鑑矣。刻走寅運。已無可取。殆以庚金蓋頭之故。仍得貴顯。將來辛運更盛。卯運必驥足難展也。(某財長造)

柯南評註：

此財長之命應以卯木為用神，而非從強格。金木交戰以地支亥子運通關為美。無後運矣。

時	日	月	年
	日		
己	癸	乙	庚
未	巳	酉	子

八歲　丙戌
十八　丁亥
廿八　戊子
卅八　己丑
四八　庚寅
五八　辛卯
六八　壬辰

右係寧波和豐紗廠經理凌伯麟先生庚造。命書所載。癸日坐向巳宮。財官雙美。則人生於癸巳日元。無有不富而且貴者。其實要四柱合看。未可以一概論也。本命癸水生於白露之後。正值秋金司令。偏印用事。年上透出庚金正印。而乙木助之。年支比肩。又是祿堂。總觀癸水日干。有如許擁護之神。則弱而不弱矣。本命定格取用。有以歲祿用官。或取時上七殺。細按之。年祿固不足以言格。時殺亦難免偏激。以印綬化殺。最為確當。柱中金水兩旺。可覘其性極喜動。但有己未兩土堤防。故動而就範。宅心正大。姿質靈敏。殺印透干。宜乎幼年經管紗廠。振興實業。行運戊子稍差。己丑庚辛。大吉大利。莫嫌老圃秋容淡。霜葉紅於二月花。

柯南評註：

〈繼善篇〉：「癸日坐向巳宮，亦為財官雙美。」韋公指出命格結構需要符合詩句之情況，才可以運用詩句。並非癸巳日／壬午日／戊子日者就必然富有。後學注意運用古詩算命必須有一定的子平八字基礎，否則必然撞板。此命用神應為時上己土，但地支金水旺劫去財星，令到八字原局有缺失，故只為紗廠經理之命（常人）。

		日	
庚	甲	癸	癸
子	申	酉	丑

五歲	乙酉
十五	丙戌
廿五	丁亥
卅五	戊子
四五	己丑
五五	庚寅
六五	辛卯

右列庚造。係福州南台王世昌先生。上年郵寄蔣清渠先生推評。令蒙開示。謬陳管見於後。癸水生於申月。金白水清。秀而無比。依《滴天髓》通源論而推。年上庚金。為發源之地。流通至時上丑土而止。最可喜者。月干甲木。能運動水氣。能生火以調和金氣。四柱地支。子申半會水局。酉丑半會金局。滿盤金水。若無甲木透出天干。則金

水混濁不清耳。正印用傷。別無可取。覘君之門第清高。材藝軼眾。可斷言也。坐下酉宮偏印。必偶能家之婦。三槐流香。行運己丑十年。上下皆煞。一帆風順。平步青雲。名利崇隆。攸往咸宜也。庚寅運。亦許順境。壬辰運有礙。

柯南評註：

此造甲木生於酉月之金水一片汪洋，正合乎《滴天髓》：「君賴臣生理最微，兒能生母洩天機。母慈滅子關頭異，夫健何為又怕妻。」中的母慈滅子格。你們知道王先生的用神是什麼嗎？

	日		
戊	癸	丙	丁
午	巳	午	未

三歲	乙巳
十三	甲辰
廿三	癸卯
卅三	壬寅
四三	辛丑
五三	庚子

黃玉麟先生。以皮簧聞於時。藝名綠牡丹。亦擅書畫。瀟灑儒雅。誠為梨園雋品。前以蘇君之介。囑評其命。余曰。戊癸相合。既見丙丁。又得巳午未。而當榴火舒紅。槐蔭結綠之候。乃純粹化火之格。宜其慧質天生。學無不精。豈平常優孟。可望其項背哉。一生行運。應以卯寅辛三部。最為醇美。惜少土運。否則土之洩秀。尤為出色當行。

辰丑為濕土。中含癸水。有悖於格。瑕瑜互見而已。或詢余何方為宜。余曰。既化火成格。自莫妙於南國。黃君頷首者再。據謂曩歲鬻藝雲南。賣座最盛。座價漲至八元有奇。勢將媲美梅博士之歐遊。噫。足可豪矣。然得地利之宜。亦與有功焉。

柯南評註：

黃玉麟先生之命為化氣格中之化火格。化神丁火透干，故以順其火之旺勢為美運。

《滴天髓》：「化得真者只論化，化神還有幾般話。」

	日		
辛	癸	甲	甲
酉	未	戌	辰

九歲　乙亥
十九　丙子
廿九　丁丑
卅九　戊寅
四九　己卯
五九　庚辰
六九　辛巳

右係安徽某當經理謝君八字。癸水生於戌月。已近黃土當權。土尅水為正官。年支辰土。又是正官。時上辛酉干支。皆金。金生水為印。則局中有官有印。理當飛黃騰達。宦海航行。而今屈居市廛。經理質物為事。寄人籬下。辛苦萬狀。厥故維何。要知官星宜露。露則清高。今辰戌之官。藏而不露。一也。辰戌沖。官與官自起衝突。二也。官既不透。而與官作仇之傷官。加蓋兩官之上。三也。有是三者。宦海無緣。乃致朝奉頭銜。加於身上矣。本命傷官透露。英華外發。作事精明。涉足近東南為妙。住家離祖基相宜。行運以戊寅己卯大佳。

柯南評註：

普通經理之命，比上不足，比下有餘。實為常人之格局。常人（碌碌人）之命多半格局有缺失或未能行運而不能顯貴。此命之缺失在於原局財星（丁火）入墓。由此可見一般庸師的墓庫逢沖則發之論，實為大謬。

丙	癸	日 癸	甲
申	巳	亥	寅

九歲	甲午
十九	乙未
廿九	丙申
卅九	丁酉
四九	戊戌
五九	己亥

此天津人李君之命。君恆角逐於跑馬場中。嘗得香檳頭獎。平日博弈。亦勝多於負。其營業所得之薪酬。僅敷支出。跑馬所盈者。乃獲豐積。或羨其賭運亨通。以余視之。不過命局安頓。財星得用而已。蓋癸日甲寅時。傷官得祿。丙年巳月。偏財得祿。傷財相生而流通。美滿極矣。妙有亥水帝旺。癸水比肩。申金正印。協力扶身。乃致身主不

弱。堪任其財。尤妙寅亥既相合。巳申又相合。亂中見靜。若不流連於跑馬。而孜力實業。亦未始不可富擬陶朱。財比猗頓。前運皆屬木火。宜其不勞多獲。後運丁酉。財印之鄉。亦能日進斗金。利源四溢。李君勉乎哉。按寅申巳亥。本為四沖。因其地位處置適當。由沖而合。以余經驗所得。此等四柱。不在少數。然再逢寅申巳亥之一字。即為沖散全局。不以美論。聞李君在申運內。財雖無所盈虧。然家庭多故。殊苦精神之創痛焉。

柯南評註：

爛賭傾家之命，多為財多身弱用比劫之流。故此運行丁酉之時，日進斗金（印比扶身）。身弱之命，多以印比幫身之運為得財之運。

千里命稿 103

時	日	月	年
庚	癸	甲	庚
申	卯	申	申

(日 marked above 癸卯)

十歲　乙酉
二十　丙戌
三十　丁亥
四十　戊子
五十　己丑
六十　庚寅

余曾於友人家得視此造。為印重身輕。但僅不良於行。體格尚健。茲已魁梧奇偉。有成人氣象矣。夫癸水生於孟秋。重金五見。《窮通寶鑑》所謂金多水濁。亦滿盤濁氣耳。甲卯兩木。既失時失勢。豈能周旋於刀鎗劍戟之中。命局偏枯如是。益以兩歲辛酉年。沖去卯木長生。陰金陽金會合。其遭殘疾宜矣。設非跛足。殃禍之變。或有更甚者。刻走酉運。以戊寅年最凶。丙運以下。雲開見日。錦繡前程。未可限量。

柯南評註：

癸水之命若金多很容易金多水濁，因弱水不能洩金之氣。此跛子之命因原局之卯木（腳）用神受傷，故為殘疾之命。《滴天髓》：「何知其人凶，忌神輾轉攻！」

	日		
乙	癸	己	庚
卯	丑	丑	辰

六歲　庚寅
十六　辛卯
廿六　壬辰
卅六　癸巳
五六　甲午
五六　乙未

右為毛希蒙先生庚造。毛先生久歷軍旅。勛猷聿著。上年代理定海縣公安局長。勤求民隱。政譽更隆。夫癸丑日元。生於立春前十五日。已值己土用事。土乃七殺。月支丑宮藏本氣己土及辛金偏印。殺印同根月令。是為有情。又殺印同透天干。是為有力。殺印相生。有情而兼有力。貴格也。辰為水庫。扶助日元。內有官食同宮。則官受制而不混殺。殺格愈清。乙卯食神得祿。制殺尤力。惜卯落旬空。略為減色。覘其足智多謀。佐治民事。統率軍旅。皆足以衛國定邦。非偶然也。行運最忌財鄉。巳運有破財之虞。現行午運。官聲可振。而阿堵物仍難有緣。乙未運大佳。丙運財來壞印。危如纍卵。

柯南評註：

公安局長之命，癸水丑月以乙木食神制殺為用。故於木運用神旺鄉時發武貴。

陸君

	日		
丙	癸	甲	乙
辰	巳	申	未

陸君友人

	日		
丙	癸	甲	乙
辰	未	申	巳

三歲 癸未
十三 壬午
廿三 辛巳
卅三 庚辰
四三 己卯
五三 戊寅

漳州中央銀行總理陸維屏君。精研命理。嘗示余二造。八字相同。惟年支日支易位而已。一即陸君本人之命。（排例如上）一乃其友。廈門交通銀行某君之造。為乙巳、甲申、癸未、丙辰。余曰。癸水生申月。母強子健。辰為水之餘氣。巳申又化水。身不為弱。甲乙丙並透。則木火金水相停。惟君造座巳。巳內有庚金。日主較強。貴友坐未。

未為燥土。並中藏木火。日主較弱。所以有異者。君喜逢木火。貴友喜遇金水。揆諸行運。都金水蓋頭。以論環境。或君不如貴友耳。陸君唯唯而退。

柯南評註：

韋氏指出陸君之命用神為丙火，而其友人之用神為申金。用神不同，故此大運雖然一樣但成就有高低。癸巳日之命因巳中丙戊庚暗生日元加上申巳化水，而令日元弱中轉旺。相反，癸未日自坐七殺剋身而身弱用印。位置排列不同，已經差之毫釐，謬之千里。

千里命稿 106

時	日	月	年
戊	癸	己	己
午	酉	巳	酉

（日）

三歲 戊辰
十三 丁卯
廿三 丙寅
卅三 乙丑
四三 甲子
五三 癸亥
六三 壬戌

右係餘姚縣民生工廠朱聯泉廠長之造。祖業甚豐。賦性篤厚。殊為就地士紳所推戴。

夫癸酉日元。生於立夏之後。值火土當權。財官用事。月令官星透天干。理取官星為用。財印為輔。不料兩位七殺。年月盤踞。大有官煞混雜之嫌。書曰官煞混雜。制煞為福。今四柱不見食傷。制煞無物。妙有印綬化煞。則官乃純。立身政界。名譽隆崇。運途以寅運及乙丑運。俱順境。甲運稍差。子運亦利。癸運分官欠吉。

柯南評註：夏天火炎土燥之癸水命，多以金為用神。財旺破印之命多為貪官之造，此命是一個好例子。

	日		
戊	癸	戊	戊
午	亥	午	戌

九歲　丁巳
十九　丙辰
二九　乙卯
三九　甲寅
四九　癸丑
五九　壬子

此乃某妓命造。幼孤為娼。廿五歲後。侍某顯宦簉室。詎以不知自愛。戀一伶人。終被顯宦所黜。茲則伶亦絕裾斷交。螟一養女。仍操故業。夫癸生午月。財官並旺。惟天干三透戊土。爭合癸水。日主用情。毫無定見。自是水性楊花。張三李四。坐下劫刃。足以幫身。苦無印綬。終如飛絮浮萍。飄流無定。查早年多火運。何善可陳。辰運沖開水庫。宛若雲開見日。惜乙卯運洩身生財。祇如曇花一現。不免重作馮婦。以後甲寅運木土爭戰。不堪言狀。寅運之會成火局。且恐不祿矣。

柯南評註：

此妓女之命屬殺旺攻身，故幼孤為娼而且男人緣旺。殺旺攻身之命而沒有印星化殺／食傷制殺，實屬貧賤之命。《滴天髓》：「滿盤濁氣令人苦，一局清枯也苦人，半濁半清猶是可，多成多敗度晨昏。」

富貴定於命，窮通繫乎運。

【下卷】

呱呱集

名人命造篇

韋千里序言

人自呱呱墜地之後，一生窮通壽夭，貧富貴賤，若已有數在焉。然則命固可信乎？唐李淳風有言：長平坑卒，豈皆命犯三刑，南陽貴人，寧必生當六合。命固不可信乎？南史沉攸之嘗言：早知窮達有命，恨不十年讀書。孔子五十而知天命。孟子曰：莫非命也，順受其正，是故知命者，不立乎危牆之下。然則，命之可信與不可信，精微奧妙，寂靜感通，不易言也。吾儕讀古人書，研習命理，素位而行，有從無違，要皆修身之一助耳。

余不敢謂知命，不過謂推命，溯自行道以還，所見富貴之命固多，貧賤之命，實亦不少，余選其特殊者，作筆記之。集名呱呱者，即俗言所謂「啼聲初試，八字已定」之意也。噫！天下滔滔，前途茫茫，我不如人，還有人不如我。願讀吾文者，爭時待時，各安天命，則雖覆瓿之作，亦不無小補於世道人心歟。

民國五十二年歲次

癸卯年（一九六三年）——韋千里寫於香江寓次

三公命造

陳誠

時	日	月	年
	日		
甲	丁	壬	丁
辰	卯	子	酉

俞大維

	日		
壬	丁	壬	丁
寅	卯	子	酉

俞鴻鈞

	日		
乙	丁	壬	丁
巳	卯	子	酉

吾國政壇之中，同年同月同日誕生者，有陳誠、俞大維、俞鴻鈞，三公焉。其所同之年月日六字，為丁酉，壬子，丁卯。水旺火衰，毫無疑問。得木火時辰則為貴，得金水時辰便為賤，亦為不移之論，啟觀陳副總統為甲辰時，甲印化殺生身，卯辰半個木局，何等有力。

俞大維部長為壬寅時，兩丁兩壬，官星堂堂正正，寅卯通水火之關，起回生之力，何等可貴。俞鴻鈞氏為乙巳時，丁火帝旺在巳、乙木得祿於卯，木火通明，以任旺殺，又何等美妙。是日以此三個時辰，為大貴之命，而三公適各佔其一，造化之奇，蓋有如此者。

相傳明朝朱太祖、沈萬山、姚木鐸，同年同月同日同時而生，一為人中之王，一為財富之王，一為乞丐之王，乃更屬玄妙矣。惜不知其為如何之命造耳。

柯南評註：

此處韋公用三位政壇高官，分別為甲辰時／壬寅時／乙巳時。排名是分了先後次序。正如孫中山先生相傳亦為丁酉日元壬寅時，可見高官之命多為丁火日元的壬寅／甲辰時。

張氏父子命造

張作霖造：

丁	庚	己	乙
	日		
丑	辰	卯	亥

張學良造：

庚	壬	癸	辛
	日		
子	子	巳	丑

張作霖命造，為：乙亥、己卯、庚辰、丁丑。四柱一旬，貴氣所鍾，宜其稱王關外矣。有謂彼出身綠林，但能收容人才，麾下都一流人物，此乃庚辰魁罡，財官印三透，武人而具文質，虎將而又儒將也。亦可作從財而論，所以子乙亥甲廿年，時勢英雄，盛極一時。戌運戊辰年，沖辰，刑丑，合卯，若無皇姑屯之變，亦有殺身之禍耳。

張學良命造，為：辛丑、癸巳、壬子、庚子。財殺藏於月提，陽刃見於日時，干頭庚辛壬癸，金水聯珠，文武兼備，統領師干。惟身旺殺淺，庚運洩殺生身，流年壬申癸酉，國亡家破，寅運甲戌年，海外歸來，重握兵權，丙子年三犯劫刃，西安事變失敗，陷於萬劫不復之地矣。

按：張氏父子之命造，八字均有過人之處，但論氣局，子遜於父，遠矣哉！

柯南評註：此兩造讀者可參考：徐樂吾《古今名人命鑑》。

杜月笙命造

	日		
戊子	庚申	乙丑	壬午

上海杜月笙氏，非官非商，行俠仗義，喜交天下友，輒為民間排難解紛，以視古之朱家郭解，實無多讓，傳諸游俠，當之無愧焉。余在廿七年前曾撰於《千里命稿》，並暢論杜君命運，今有天文台報讀者李聰，來信討論其八字，請求再簡評如後，杜造為戊子，庚申，乙丑，壬午。有以乙庚化金論者，竊以時上見午火，化格似成非成，且遠不符其聲價。乙生申月，干透戊庚壬，財官印同藏於申提，又並露於干頭，斯乃貴徵。早運日新月盛，丑運，丙運，更進一步，造福社會，奚啻萬家生佛，亦厚於財，故能利人而又利己也。寅運沖申，辛卯年病故香港，死後哀榮，殊不落寞。按此命因午火無力，不能騰踔於軍政界，戊財虛脫，又不合投資經商也。滬港兩地，固不乏聲勢浩大，交際頻繁，卻無恆業，而又居然長袖善舞者，彼等之命運，殆有類乎杜氏焉。

柯南評註：

杜月笙造曾載於《千里命稿 022》，韋公認為此造並非乙庚化金之化氣格，而為用午火制金之食神制官格。但虛濕之地，騎馬（午）亦憂，故此只為普通人之造。

邵邨人命造

日			
庚	己	戊	己
午	巳	辰	亥

邵邨人先生，影業界之權威也。影院遍設南洋各地，邵氏製片廠，又為箇中巨擘，挽回外匯，發揚文化，功豈淺鮮。按其命造：己亥，戊辰，己巳，庚午。土多為病，貴氣在於時上庚金，邵先生初以辛未時為其推算，夫辛金食神，為群土所埋，文弱書生而已，百無一用，何來如此魄力，凡一事業之創造，非智勇雙全而不獲，況其洋洋乎大觀，雄視國內外哉！庚午時，則傷官吐秀，自有大刀闊斧之精神與手腕。己土得祿於午火，七子八婿亦宜矣。壬運以後，大有作為，戊運沖開水庫，尤多收穫也。

柯南評註：

此處韋公用辛未時與庚午時作比較，認為邵先生之豪氣與影視業實應為傷官吐秀格，而非文人學士之食神吐秀格。

汪希文與劉紀文命造

		汪希文	
		日	
庚	丙	癸	丙
寅	戌	酉	辰

		劉紀文	
		日	
庚	丙	癸	庚
寅	戌	酉	申

雨絲風片，緬懷故人，忽憶及墓木已拱之汪希文兄。兄以名宦而研究命理，其學問自是高人一等，但論經驗，閱人未足多耳。生前嘗以其本人八字，與劉紀文命造，相差僅四個時辰，而竟榮枯懸殊，反覆討論。茲將余所覆之信稿錄出，黃壚之痛，余豈無之！葬時，因路遠而未盡躬送，負疚更深焉。覆信原文如次：

希文仁兄有道：來函敬悉，天文台大作「紀文已死吾猶生」一文，亦已拜讀。竊以台造：庚寅、丙戌、癸酉、丙辰。秋水托根於辰。財官印三正，日主稍弱，書生氣息太重。

劉造妙在時落庚申，申酉戌西方一氣，書所謂「獨木三犯庚辛，號曰體全之象」，貴顯自有過於兄矣。

六十八歲丁酉流年，同為日犯歲君，歲運交戰，何以劉死兄活。此蓋劉造日主強，沖得重，台造日主弱，沖得輕耳。過剛豈有不折之理？試問自古以來，其有霸業而久於王道者乎？台造雖不飛黃騰達，卻亦細水長流，衣食無虧，奚足悲哉？然乎？否乎？幸有教之，匆頌文安。盡在不言中。弟千里頓首。

柯南評註：

兩造的分別在於用神不同，汪造用庚金。而劉紀文之造用月令戌土。《滴天髓》：「令上尋真聚得真，假神休要亂真神。」即用神以用月令為最高格局。劉造的死亡原因是：「祿破財傾，命祿將盡矣！」

無獨有偶，兩造之命均為寅戌拱午，暗拱財局，劉造地支更合申酉戌之金局聚結月令之氣透出。由此可見，庸師認為合局夾拱會提高命格級數，只是一個大謬誤。

八字命格的級數高低，全在於用神的虛實真假，有情無情，有力無力；格局的高低更為複雜，財官印綬分偏正，兼論食傷八格定。一清到底有精神，管取平生富貴真。

在此看過《子平真詮》的高手們，什麼是用神的虛實真假？什麼是有情無情？什麼是有力無力？聚透同宮又怎樣分真假呢？……

閻錫山命造

		日	
癸	辛	乙	丁
未	酉	酉	亥

閻錫山將軍，已於一九六〇年五月廿三日病逝台北。按閻氏叱咤風雲數十年，自民初以至大陸變色，掌握軍符，屹然無動。共軍進迫時，猶能在太原圍城之中，召集子弟兵作戰，以視程潛，傅作義輩，奚啻天淵。其命造為癸未、辛酉、乙酉、丁亥。經云：「乙木生居酉，富貴坎離宮」。又云：「乙木秋生貴元武」。夫生於寒露節前一日，年時癸丁透出，即所謂坎離宮也。良以水為元武，癸水之透，滋木洩金，一仁可化，畢世豐盈。其逢庚子年辛巳月，庚辛自屬忌見，但亦非主必死者。然以大耋之年，歸正首丘，名彪青史，是乃成仁也，復何憾哉。

柯南評註：

閻錫山之造屬乙木酉月殺旺攻身，用丁火制辛金，格成食神制殺格。為乙木酉月賓主體用精神之正格。因乙木生居酉月，必須水火既濟才為上格。但什麼情況會是「未濟」？什麼情況會是「既濟」呢？

吳國楨命造

吳國楨命造，為：癸卯、壬戌、壬午、辛亥。壬水日元，通根於亥，天干壬辛一片金水，雖在深秋，弱而不弱。尤妙午戌半火局，亥卯半木局，木火相生，貴而且富焉。

辛	壬（日）	壬	癸
亥	午	戌	卯

按吳氏之運程，己未、戊午，一路火土，學成歸國，午運且任上海市長。丁運開府封疆，更勝一籌。巳運沖亥，因故脫節而去國。今後辰運沖戌，仍以高蹈為宜。觀其宦海升沉，雖謂人事有關係，實屬命運之使然。其夫人黃女士，博學多才，相夫尤賢。此因日坐正財。六神篇曰：「妻宮妻守，賢齊孟光。」良有以也。

柯南評註：

六壬生逢午位，號曰祿馬同鄉。吳君之造用月令真神戌土（七殺）為用神。殺喜財生，故此火土運名成利就。

甬商王某命造

甲	丙	日 壬	壬
寅	子	辰	寅

甬人王興高，幼孤。十八歲來滬，廝役於大滬舞廳。抗戰時，識一舞客，客為日人，業五金，王諂笑趨奉，無微不至，竟成莫逆。兩人冶游之外，兼營走私、囤積，王為奔走，客信之如左右手。迨勝利後一年，客遠颺，王頓成鉅富，蓋物資之握於王手者，為全數之過半耳。

王造：甲寅、丙子、壬辰、壬寅。壬水生於仲冬，當權得令。所喜年月甲丙，木火通根，原非窮困之命。丑運為濕土，父母雙亡，家產蕩然。寅運，己運，所遇尚豐。廿八歲行卯運，寅卯辰會東方一炁，歲逢丙戌，疊疊者皆財，宜如孟珠之金滿堂，武帝之錢朽貫矣。

柯南評註：

壬水冬天以甲丙為真神，為食神生財格。食傷生財，富自天來；故運行木火之鄉時富甲一方。

王翁與周壽臣爵士命造

王翁

	日		
甲	辛	辛	辛
午	酉	卯	酉

周壽臣爵士

	日		
癸	辛	辛	辛
巳	酉	卯	酉

吾鄉王翁，先宦後商，一生大起大落，鬱鬱而終。其命造為辛酉、辛卯、辛酉、甲午。木雖當令，乃兩酉沖卯，三辛剋甲，財重而身輕，用神取午火七殺，人雖奔波，尚有建創。自子運與戌運，或水或火，陞官發財。乙酉甲申廿年大運，財臨絕地，所蓄蠶蝕殆盡。申運為劫刃，且以政治嫌疑，竟作逋客。癸運洩金生水，未運合午會卯，東山再起，又見熱鬧。壬午運中，八十八歲戊子一年，歲運並臨，孤注一擲於金圓券。辛巳運衰老多病。庚子流年，百齡人瑞，乃庚剋甲而子沖午，三月庚辰，卒於美國三藩市。

按：本港周壽臣爵士，其命造與王翁僅差一個時辰，而富貴吉壽，四美俱備。蓋為癸巳時，癸水通金木之氣，食神有氣勝財官也。金木水火之運，皆可走得，所以一路福星，所忌者，土耳。九十八歲戊戌流年，重土迫癸，於是息勞歸主矣。

柯南評註：

王翁之造用神為七殺，偏財滋殺格。七殺格之命每多大上大落，一般都是心雄累事（我要上市），凡事皆因強出頭。如七殺格之命遇失運之時退守，便可避過一劫。

明思宗（崇禎帝）與李鴻章命造

明思宗（崇禎帝）

	日		
己	乙	庚	辛
卯	未	寅	亥

李鴻章

	日		
己	乙	甲	癸
卯	亥	寅	未

開國皇帝與亡國之君，未必皆為好命。一則衣衫襤褸，創業維艱；一則斷送江山，甚或不得善終也。

崇禎帝之命造：辛亥、庚寅、乙未、己卯。夫寅亥卯未木局聚氣，應從木之旺勢。忌庚辛金之犯旺。更壞在乙庚相合。金不能去。酉運甲申年殉國，金逢旺而破木局也。其在位僅十七年。此種不清不楚之從格，生於皇室，不幸而為末代之君。若為平民，便是敗家之子矣。

李鴻章命造：癸未、甲寅、乙亥，己卯。亦為曲直，從旺，而未透庚辛，所以位極人臣。結局勝於崇禎多矣。

《滴天髓》曰：「從神又有吉和凶。」意即從格有吉有凶，須辨其清與濁耳。旨哉言乎。

柯南評註：

千里比較崇禎與李鴻章之造，崇禎命因天干有庚金和辛金不能從旺之勢，而李之造則去濁留清。《滴天髓》：「從得真者只論從，從神又有吉與凶。」古人看從旺格（現今人稱之專旺格）有吉與凶，曲直仁壽格之成格條件在於：方要得方莫混局。李之命造為從旺之真格，故此大貴。

陳孝威命造

癸	日 癸	辛	癸
巳	亥	亥	巳

天文台報陳社長孝威，允文允武，為良將、為廉吏，其挾救國之策，奔走海外，遊說僑胞，更不遺餘力。其命造為：癸巳、癸亥、辛亥、癸巳。四馬逢沖，所以好動不好靜。早行金運，助身吐秀，頭角崢嶸。中行土運，事有迂迴，業務擴張。晚行火運，筆陣橫掃，取精用宏。按：巳亥兩沖，火力不足，非但畢生未許安閒，抑且不為己謀，儘為人忙。陳氏每以此而自嘆，亦以此而自慰，陳夫人喟然曰：何必形役徒勞哉？余曰：芸芸眾生，忙其所忙，故何所謂徒勞與不徒勞，行其志而已。一言以蔽之，孔子所謂「有命」耳。

柯南評註：

《滴天髓》：「坎離宰天地之中氣，成不獨成而有相持者在。」意即水火交戰，兩神對峙，須取木神通關。原局只有亥中的甲木（吉神暗藏）作通關用神，故此命格只屬中等之級數。

王某命造

		日	
戊	丁	丁	甲
申	巳	卯	辰

丁酉年暮春，余抵港後第三天，葉企堂先生下訪於六國旅邸，託算王某之命：戊申、丁巳、丁卯、甲辰。余曰：丁生巳月，戊土傷官透清，惜木火成群，土金受逼，平淡無奇之命也。幸行運自二十八歲起，一路庚辛申酉，是乃窮者必富，富者更富。

據云，此人出身寒微，三十歲左右，中馬票三獎，因而結識豪客，專營走私，既已食有魚而出有車，亦且買屋半山，惟以無子為憾耳。余曰：壬運可獲一麟，驗否姑視其後。

柯南評註：

此造屬火長夏日金疊疊貴格（見徐樂吾《造化元鑰評註》），故此於庚申辛酉之一兩柱強金大運大發橫財，莫非命也？

于右任命造

		日	
己	戊	甲	壬
卯	辰	子	申

于公八秩華誕，有人贈以壽聯曰：「一時無兩詩文字，不朽有三德言功。」非但善頌善禱，亦最合其身份耳。于造己卯、戊辰、甲子、壬申。水木成象。所妙時落壬申，所惜戊己出干。《窮通寶鑑》所謂「清秀學富」。又謂「勞而到老」。幸行運一路水金，功名顯達，但為國宣勞，文字酬忙，固亦談不到安逸也。八十三歲行己運，如能越過，八十八歲未運亦為一關。

猶憶民國廿四年，余遇于公於淇泉太史府中，蒙即席揮贈一聯曰：「幼聰蚤負寧馨譽，家學能傳珞琭書。」數十年來，余精裱而並不懸掛，蓋珍藏如拱璧，惟恐其蒙玷汙耳。

柯南評註：

此造為偏財滋殺格，以俗論之則為月令偏財格。運喜金水之鄉，時柱為真殺印相生也！（燈花拂劍格，見《蘭臺妙選》。）

梁二姑命造

		日	
戊	己	乙	壬
辰	未	卯	午

日者與二三知己，小酌於本港北大酒家，以遣長夜。鄭君曰：「究竟人逐黃金歟？抑黃金逐人歟？」李君曰：「黃金逐人也。請述表妹梁二姑之往事，可證吾言非謬。梁為粵女，世居滬濱，父早故，事母甚孝。己丑冬，應姊之召，奉母由滬來港盤桓，時粵滬間通車伊始，海上富室，為避購中共公債，紛紛逃港。有梁姓者，且挈其全家眷屬，南下作久居之計，與梁氏母女同車。車抵九龍，紊亂萬狀，司行李者，揀一形式相同，上書梁字之提篋予二姑。及達姊家，啟視之，普通衣服之外，赫然金條十餘根也，想彼梁姓行李纍纍，領取需時，尚在不知不覺中耳。」余曰：「君能得知令表妹生辰乎？」李曰：「二姑方於月前結褵，觀其新房中之證書，便知梗概。」

旋錄示其生辰，戊辰、己未、乙卯、壬午。按：乙卯專祿，生於未月、辰年、壬時，日主雖不當令，卻有根氣，而戊己透天，午未載地，乃更身財兩強，己丑年，丁丑月，運在巳底，重重疊疊，無非是財，真所謂黃金滿地矣。聞其夫婿趙氏，又為香港富家，乙卯甲寅諸運，雖屬比劫，為原局財旺所不畏，足保其翠繞珠圍，鐘鳴鼎食之生活也。

柯南評註：

此處韋氏終於肯露一手功夫，指出乙木日元生於未月，日元通根身庫，身旺可任財官矣。如云格局可為：食神生財格／專祿格／偏財格……重點都是「食得起」月令財星。訣云：何知其人富，財氣通門戶是也。

註：韋氏早期之《千里命稿》，批算手法十分詳盡，但後期之書，如《八字提要》及《命學講義》卻鮮有註明如何運用古法子平之手法。

任伯棠命造

丁	壬	日 庚	乙
未	子	子	酉

生平祇逢一次機會，便成終身富裕者，余於任伯棠兄命造見之，丁未、壬子、庚子、乙酉。任兄家道小康，幼攻法律於東吳大學，畢業之後，雖為律師，迄無所事。三十七歲癸未年，其于歸盛氏富室之姑母，以家庭析產一案，委託辦理。所謂辦理者，臨場簽一名字而已。任得公費頗鉅，乃購地於上海之龍華，廣闢農場，度其半耕半讀之生活。按：庚金日元，生於子月，以寒濕為病，以未土為藥。運行戊土，歲遇癸未，除盡寒濕，暴富宜矣。

原命乙木透時，名曰財來就我，本為安閒之輩，有此好親戚，自非偶然耳。

香港萬發銀號主人陳克錦君命造：壬寅、辛亥、辛丑、壬辰，金水傷官，行丙火運，白手致富數千萬，亦祇憑一時之機會，而成豪富者也。

柯南評註：

韋氏又藏頭露尾地帶出，庚金日元在冬天為金水傷官喜見官。用神丁火，忌神即病為水，故此藥神為未土。大病得藥為發財之運，故任伯棠發於戊申運之癸未年。

段祺瑞命造

客有要求多論政海名人之命運。夫當代偉人，余固不願月旦，爰以過去名公，想到寫之。比閱天文台報一勺先生敘述段祺瑞與吳光新之事蹟，歷歷如繪，鑿鑿可證，余因檢視段吳二人之命運：

段造為乙丑、己卯、乙亥、壬午。月令建祿，亥卯結局，身旺任財，妙在己壬財印兩透，並得祿於亥午，惟福澤猶嫌不足，故雖貴為執政，仍惴惴不安也。

		日	
乙	己	乙	壬
丑	卯	亥	午

吳造：壬午、丙午、甲申、甲子，五月火旺乘權，子申會局化印，用神在印，土得潤而木得生，又和解子午之戰局。午申再拱乙貴，所以顯赫一時也。一勺先生謂段吳之黃金時代為民七戊午、民八己未，民九庚申，按此三年，段造為財官主政，吳造正走庚運，印逢殺助，故段之雄視海內，吳之鷹揚江表，俱非偶然也。

柯南評註：

段之命造乃乙木卯月建祿生提月，用午火為用神。但乙木以丙火為真神，故此格局只屬中等之命。

吳佩孚之造疑有誤，另一說法為：甲戌、戊辰、戊申、壬子。待各位名偵探考證。

哈同命造

			日
己	庚	庚	丙
酉	午	子	子

猶太人來我國經營而致富者多矣，報載香港娛樂業鉅子差利死訊，差利發財而無子，因憶及曩年有人以猶太富商哈同之生辰，譯成八字，己酉、庚午、庚子、丙子。凂余推算。夫殺旺用印，固非凡庸之輩，但空拳致富，竟為滬上地產大王，實行運有以致之。蓋渠自三十歲後，歷行數十年水木財鄉，所當豪門珠履，貫朽粟陳。至於七殺少制，傷官無力，所以伯道無兒，是亦畫龍雖好，點睛未成。世人往往財丁不能兩全，殆亦天道之至公歟。

更有進者，當年造成海上地產漲價，壟斷居奇，實始自哈同。富者寸金尺璧，窮者流離失所。孟子曰：「始作俑者，其無後乎。」洵然。幾許相書，不脫陳希夷「相由心生」一言，論命又何嘗不然哉。哈同死後，其心腹之人，俱作鳥獸散，義子義女，且以爭奪遺產，鬧得滿城風雨，正如劉禹錫詩云：「舊時王謝堂前燕，飛入尋常百姓家。」吾友陳翁，亦為地產商，但廣廈千間，有庇寒士良多，晚年因時局之變化，赤貧僦居一小樓，星散之僕員，時來探望舊主，今其幼子為工程師，已能奉養老人。陳翁八字：丁亥、壬寅、丁卯、壬寅，為化木格，恭儉溫良，一望而知，並錄之，以供同好之研究。

柯南評註：

古代人重名不重利，重仕輕商。故此古時的商人命造只為中等或有瑕疵之命格。現今香港社會又怎樣呢？留待大家思考一下。

葉錦文命造

癸	甲	日辛	戊
丑	子	巳	子

本港雄性婦人馬光喜，忽男忽女，招搖撞騙，然其目的為果腹，非真有女性美也。吾鄉有葉錦文者，世家子也。畫宗蓋七鄉，字摹靈飛經，喜讀朱淑貞斷腸詩，服飾整潔，人品娟秀，好作婦女裝。乾淨俐落，楚楚動人，不善辭令，見客輒走避，或強與敘談，則羞人答答，兩頰生暈。娶同村黃氏女，矯健卓立，豪爽勝過鬚眉，兩家締姻之前，就卜於余。余曰：男似女，女似男，其婚配之巧，可謂踏破鐵鞋無覓處矣。

葉氏因家道素封，不事生計。戚屬往來酬應，概由其妻周旋，夫妻琴耽瑟好，從無間言，閨房之樂可知矣。

按：葉之命造為：癸丑、甲子、辛巳、戊子。辛生子月，子時，干又透癸，一派秀氣。杜詩所謂「皎如玉樹臨風前」是也。更妙戊印生命，制水，所以恪守禮義，風流而不下流。至於甲財透月，宜其席豐履厚，巳火取暖，饒有閒情逸致耳。

柯南評註：

愛好琴棋書畫或愛開玩笑之命多為食傷旺透干之命。葉先生為辛金之食神吐秀格。故此為人俊秀，才貌出眾。金水傷官與木火傷官為傷官格中較為優秀之類型。

吳子深命造

余下榻六國飯店之初，吳翁子深下訪，環顧四壁蕭然，曰：以君高雅，齋中豈可無書畫。翌日，惠賜親筆畫軸一幀。松風謖謖，修竹搖曳，頓使蓬蓽生輝。

吳氏為江南望族，翁幼秉庭訓，熟諳文史，弱冠從事醫畫，侍其母舅遜清御醫曹滄洲徵君几案，垂十六七年之久，故識驗特富，活人無算，畫乃已臻化境，滬人所推崇之「三吳」，翁其一也。翁又涉獵星命諸書，間或為親友推斷，頗多獨到。而於余最為讚許，謂有儒家風度，絕無時俗，余唯唯不敢當。翁本人八字，為：甲午、甲戌、己酉、庚午。與趙文敏公子昂之命造，大體相彷。評者議論紛紜，余獨取食神，良以己土當令，又得祿於年時兩午，庚金雖透，傷甲而已。日坐酉金，發越秀氣，且為文昌，其藝兼眾長。豈偶然哉。卯運沖酉，數百萬遺產，零落過半，既交辛運，食神主事，用神得助，晚景堪虞。蓋醫則著手成春，畫則直追宋元，七旬老人，尚力學不倦，嘗撰「客窗隨筆」一書，洩盡醫畫精蘊，卜其必能傳諸不朽也。

甲	甲	日己	庚
午	戌	酉	午

柯南評註：
吳為土金傷官配印之命格，類似蔣介石之造，故此品學兼優，為人多才多藝。

王曉籟與程霖生命造

	王曉籟		
	日		
丙	辛	壬	戊
戌	丑	午	申

	程霖生		
	日		
丙	癸	乙	癸
戌	巳	亥	未

王曉籟之命多子，程霖生之命多財，滬人士固知之熟矣。王翁有子女三十餘人，程翁在最盛之時，財產以美金億數計算。或問如此多子多財，殆亦生與俱來，命運注定耶？余曰：推命論子論財，可以測其子息之多寡，財富之大小。至於確數，因有客觀條件在焉，絕難言其標準耳。何謂客觀條件？關於子，一妻歟，多妻歟！關於財，時代之時間性，地域之空間性，在在大有問題。

王翁命造：丙戌、辛丑、壬午、戊申。按窮通寶鑑以用神為子，然則其命以辛為用，旺於申時，最多五子。蓋舊書云：旺中五子自成行也。設非六妻都能生育，焉得如此多子哉？

程翁命造：丙戌、癸巳、乙亥、癸未。四月乙木，丙癸並透，太陽雨露，配合適宜，故主大富。但苟非生於富貴之家，承平時代，或所置龐大地產，非屬於上海者，又焉得如此之富哉？

程翁自四十七歲起，戊運合癸，戌運迫癸，己運制癸，失敗歷十五年之久，則雖金穴銅山，亦將銷磨殆盡矣。

柯南評註：

韋氏在此處又露一手功夫，運用《欄江網》（窮通寶鑑）之手法。王翁之造壬水丑月，殺旺攻身用辛金，故為殺印相生之命格。金旺聚氣結局（用神-金為子），故子女有三十餘人。程翁之造乙木巳月，真神丙癸雙雙透出。為真神透出有情團結聚氣（見《子平真詮》評註），故為大富之命。

一般庸師只懂巳未拱午，丙丁豬雞位，天地人三奇之類的江湖手法，連最基本拆解八字如何捉用神、定格局也不懂，根本無法分日主大運的喜忌向背，與格局之高低。

更有些庸師看八字結構，月令天透地藏承氣取格，認為財旺財局就聚財（但實情財旺，食唔起就是債務／卡數），此等水平實為小學程度的批命方式，對於後學想探討古書學理及實務推算命運毫無幫助，實屬誤人子弟。

燕春與瑞冰命造

燕春

	日		
辛	己	甲	庚
未	酉	申	戌

瑞冰

	日		
己	丙	癸	癸
丑	申	亥	丑

石軍長，翩翩年少，國之大才，戀有二姝，欲納其一，以充箳室，一曰燕春，嫵媚多姿！一曰瑞冰，端厚而略嫌環肥。不識二人之命，孰為優善，取決於余之推算。

余曰：燕春命造：庚戌、甲申、己酉、辛未。秋土薄弱，受重金之洩，秀氣盡發。但甲木正官，臨於絕地，雖有傾城之貌，恐不安於室，或早賦孤鵠，良可畏也。

瑞冰命造：癸丑、癸亥、丙申、己丑。初冬水旺，申金之財，洩土生水，夫星有力，乃宜室宜家之命婦也。石雖韙余說，但以迷戀美色，卒納燕春。此二十餘年以前之事也。

廿載以來，人事滄桑，白雲變幻，一九五七年夏間，石忽訪余於六國旅邸，蓋已皤然老矣。回溯前塵，相與唏噓，石又憶及兩女子之事，據謂：燕春於婚後未閱半載，拂袖而去，因追念余言，再覓瑞冰，冀拾舊歡，則瑞冰已安作商人婦矣。

柯南評註：

千里為其客人評選妻子，認為瑞冰之命，丙火日元財官殺旺之命較為旺夫，而燕春之命則傷官見官為禍百端之剋夫命。故瑞冰後來婚姻美滿（嫁得好），已為商人之婦。《滴天髓》：「氣靜平和婦道章。」

鞋匠醫生（施某）命造

海上有施某者，業鞋匠，設攤於老虎灶門首。滬人之稱老虎灶，即為小型茶館也，苦力之人，羼集飲茗於此。有一老者來自蘇北，自言擅長金鍼，能治百病，實則鄉間挑痧之流耳。每日設診於老虎灶，治病有驗有不驗。施某於暇時輒為老者服役奔走，乃盡得其術。歲在庚寅，政府提倡針灸，施某棄其本業，一躍而為醫生，因有腕力，行針較深，乃患膚淺之風濕症，末梢神經受其反射刺激，居然應手而癒，於是鞋匠醫生之名大彰。夫取法乎

		日	
丙	甲	癸	庚
午	午	卯	申

上，僅得其中，施某既師事無知無識之老者，對於「三里」「合谷」等普通穴道，尚不能中乎肯綮，矧又診所窳陋，設備簡單，乃業務蒸蒸日上，門庭若市，此無他，命運使然也。

有清吳中名醫葉天士嘗曰：「趁我十年運，有病快來醫。」旨哉言乎。據林士庠兄告我，施某之命造，為：丙午，甲午，癸卯，庚申。

按：全局木火昌熾，癸水日元，僅一申金為根。四十四歲行己運，己來合甲，釜底抽薪，所以福至心靈，改弦易轍。繼行亥運，更進一步，自必有所居積，五十三歲流年戊戌，熇乾癸水，應有挫折。然而運在亥水，其勢方張，或如輕煙淡霧，無礙乎寒梅秋菊也。

柯南評註：

施某原為鞋匠，為癸水日元於夏天用印星扶助日元，故於行運之時庚寅年，一躍而升為中醫。由於用神在時柱，故晚運較佳。

陳婦命造

日			
庚	丁	丁	戊
子	未	巳	子

天傾西北，地陷東南，世事固無十全十美者也。女子有三從：從母、從夫、從子，然而三從不全，或全而不好者，比比皆是，奚啻恆河沙數耶。嘗見一陳姓婦人之命：戊子、丁巳、丁未、庚子。以表面視之，格為拱祿，出自名門，有財有殺，適於望族，傷食並見，一麟毓秀。但細按之，所拱午祿，為兩子所虎視，父為寒士，母又多病，自幼處理家務，備形栗碌，更以火旺水衰，夫婦之感情惡劣，同在鄉間，早已分居，胼手胝足，兀兀窮年，戊與未皆為燥土，僅有一子，梟獍成性，在香港甚為得意，乃無所奉養於父母，然則，三從雖全，美滿云何哉，本人得享高齡，而亦為苦壽矣。

昔曾文正公名其書齋曰「求闕」，蓋深惕乎求全有毀，亟於求缺，洵希聖希賢之見識也。

柯南評註：此命為巳未拱午，午火為日元丁火之祿動，韋氏稱為拱祿格。然而祿逢沖破定主凶，丙子水暗沖去午火。故此人生坎坷而長壽，實為苦壽矣。

王企予命造

王君企予，別署萬邨，詩文寫作俱佳，為人落拓不羈。丁亥之秋，來余處為記室，自言有生以來，從無隔宿之糧。顧其進益非尠，不知耗於何處？或囊有餘資，便不見其人矣。家在浙江海寧，子女都能生產，屢請返鄉團敘天倫，輒不聽。其妻孥來滬堅邀，竟然避不見面。夫既非逃禪！亦未隱逸，矧又鳩形鵠面，不修邊幅，固不類有所外遇，蓋誰家蛾眉，願與面首哉。

丙	甲	丙	丙
午	午	申	申
		日	

總之，王之一舉一動，乖僻特甚，視其命造：丙午、甲午、丙申、丙申。三丙二午，時在仲夏，流金爍石，兩重申金，何能為力。此種八字，即命書所謂「不僧不俗」者是也。幸未熱中名利，否則戊戌運程，定遭不測。或論其亥運當好，余以為杯水車薪，反激火怒，非但無利，抑且有害。五十三歲戊戌年，甚或不祿，殆在意料之中耳。

柯南評註：

此造屬群比爭財之破產命格，訣云：「傷官無財，雖巧亦貧。」故從無隔宿之糧。

文姑娘命造

文姑娘，粵人也，出自綠窗，歸於白屋，隨夫居港既久，習染繁華。始而不容於家庭。旋以名女人姿態，活動於交際場合，生張熟魏，盡為入幕之賓。迨後人老珠黃，孑然一身，追憶當年，不堪回首，鬱鬱寡歡，丁酉五月飲恨而亡。

年	丁	酉
運	戊	戌
	辛	酉
	乙	未
日	庚	辰
	乙	酉

按：文之命造為：辛酉、乙未、庚辰、乙酉。六月庚金，三伏生寒，土金太多，致使乙丁財官無力。運行酉戌十年，一刃一梟，此離彼合，帷簿不修，纏頭所得，盡耗於賭博，戌運為火土之庫，若不死於丁酉年，亦難延下一年戊戌耳。查此命三十九歲將交己運，己為濕土，必見好轉。繼行亥、庚、子、辛，美運接踵而來，蔗境回甘，未始不可為賢妻良母。奈歷劫太深，遽爾香消玉殞，此謂「有運無命」，蓋福澤不夠，好運可望而不可即。以視世之有命無運，懷才不遇者，乃為更慘矣。

柯南評註：

庚金日元不畏水洩，獨忌土厚埋金。戊戌一柱燥土之運，伏吟年支，故壽元至此而終。

李弘毅命造

甲	丙	壬	辛
午	子	寅	亥
		日	

茫茫人海，有克勤克儉而名成利就者，有隨緣順機而富貴玉帛者，今以曼谷華僑李氏昆仲二人為例：李弘毅君，從余函授命學，初以兄弟二命，請為批評，余斷弘毅之命：甲午、丙子、壬寅、辛亥。水歸冬旺，喜甲丙，木火透天，得寅亥為根，但行運瑕瑜互見，平淡無奇，乃主勞碌而有成。其弟之命：（名囑守秘，八字為壬寅、壬子、丁卯、辛丑。）化木不成，冬火受欺於金水，幸而二十歲以來，連行木火大運，無為而治，蓋已名利驚人矣。旋接弘毅君覆書道謝，並謂渠本人四十年來，胼手胝足，祗問耕耘，不問收穫，劬勞一生，卒能成業於南洋。其弟緣入政海，一帆風順。今已為東南亞之名公。

按：李氏昆仲，兄成於求，弟成於遇。夫求而成者，豈可存僥幸苟安之心；遇而成者，又奚必殫精竭慮，形役徒勞。然則，求也，遇也，吾人其可忽乎哉。

柯南評註：

此處韋氏再次指出冬天壬水喜甲丙為真神，故為富貴之造。

孫太太命造

際茲春光明媚，港九人士，展望於馬票之機會。按：人生財有三種，事業上之得失為正財；業外之財，即正職之外，俗稱外快；如賭博之類為偏財：獎券、暴富，為橫財。或問賭場主人及騎師所得之財，屬於何種？余曰：自是正財。蓋彼等從業於此耳。有營股票基金投機者。若無其他事業，渠之盈虧，俱為正財，若有事而偶然一博者，便屬於偏財矣。

丁	壬	壬	庚
亥	子	午	子
		日	

論命評財，其為正也，偏也、橫也，顯然有別。請以孫太太之命為例，丁亥、壬子、壬午、庚子。壬水得祿旺於亥子，亦且水歸冬旺，日主健朗，丁午兩財，既衰弱無根，又受沖受合，乃不類富有之人。然行運多木火，東南之暖，足以濟命局西北之寒，所以出身寒微。自歸金融業鉅子孫某之後，處境裕如，所謂正財，當然不惡。迨交丙運，丙為偏財，逢賭必勝，尤以丙寅一年，木火根深，秋間獨得上海跑馬香檳獎云。

柯南評註：

金寒水冷愛丙丁，此造用神為丁火，格成食神生財格。如流年突然有横財／偏財，多為偏財合局之運年。

太原生命造

年	運			日	
甲	庚	壬	丙	丙	壬
午	戌	子	午	寅	辰

水能載舟，亦能覆舟。凡人不能不靠朋友，但若結識歹友，乃終身受累，甚或葬送前程。然則交友之道，可不慎乎。孔子「益者三友，損者三友」之說，祇言其外形動態耳。在利害未發生之前，又安知對方之居心為何如耶？

吾友太原生，世家子也。擁有祖產甚豐，辛卯仲秋，為李星野工程師之慫慂，設顏料廠於上海虹橋，李以廠長自任，廠中重要職員，皆為其狐群狗黨，上下其手，無日不盡揩油之能事。廠中尚未出品，李已私囊纍纍矣。其實李為不學無術之徒，對於顏料，僅識皮毛，又以志不在於經營，故出貨迂遲，品質低劣，未閱半載，大陸厲行「五反」，李先辭職赴漢口，暗中唆使職工，將一切罪行，歸咎廠主。太原生耗資既盡，又復被判勞動改造，甲午年死於蘇北工地。

按：太原生之命造為：壬子、丙午、丙寅、壬辰。天干兩壬兩丙，地支水火二局，歷行金運助殺，席豐履厚宜矣。戌運火勢如狂，甲午年梟刃抗殺，固應不利。然因交一歹友，而致家破人亡，不可謂之不慘，而予我儕之殷鑑，亦太深矣哉。

囊時無錫實業大家華繹之先生，為有道之士，其交友或雇人，必先視此人之命運如何，以為決定。人或嗤其迷信太過。華先生卻以為一生得能安居樂業，胥賴乎此。所謂豫則立，不豫則廢也。

柯南評註：

比劫旺為病之命，多半容易誤交損友。太原生之命死亡原因有幾點：

（一）虎馬犬鄉，甲來成滅。

（二）陽刃最忌沖合歲君，勃然禍至。

（三）用神之根被旺者沖衰，連根拔起。

陳經理命造

余於庚寅年初次南來，下榻六國飯店，六國經理陳同文先生，慇懃招待，偶爾談及命運。陳曰：我自有生以來，從無逆境，故不知命運為何物。余曰：必也，君之命或運，有超人一等者。乃詢其生庚，壬子、辛亥、戊申、壬子。夫一土二金五水，時在初冬，從財格彰彰明甚。益以三歲起運，一路水木，浩浩蕩蕩，幾十年之好運，富而何庸求哉。丁酉年再度來港，欣悉其權業更為發達。因與曰：君四十八歲行辰運，且將豪富，五十三歲後，丁運巳運，盛況乃替，亟宜早息。屆時君必有悟於人生之造化，進退之機宜，莫非命也運也歟？

		日	
壬	辛	戊	壬
子	亥	申	子

柯南評註：

不知命者，無以為君子。故只為一名酒店經理。

章太炎命造

余生也晚，不及師事章氏太炎。幸早識荊，曾為批命。蒙章氏大加讚賞，賜以楹聯屏條等事。乙亥初夏，拙輯《千里命稿》出版，且為題眉。獎掖有加，厚我甚矣。嘗謂我文悲觀氣氛太重，並戒曰：少年人作詩文，當就雄渾豪放一派，不宜恨字頻書，哀聲疊奏，以自附於傷心人，蓋頹唐之音，最足短人志氣也，余誌之不敢忘。聽此一席話，已證「章瘋子」「書獃子」之說，為不足信矣。

戊	乙	癸	庚
辰	丑	卯	申
		日	

猶憶章氏命造，為：戊辰、乙丑、癸卯、庚申。官印兩透，印食又皆得祿，日坐文昌，貴人，宜其博通古今，尊為國學大師。惟財星絕跡，所以貴而不富。生平除己巳運混官羈印，繫獄六載，餘皆平順。按此種命局，宜於盛世，不宜於亂世，今章氏得「吉、壽」兩字，以終其身，且名山事業，永垂不朽，亦屬幸矣。

柯南評註：

此造為假之水木傷官格，訣云：唯有水木傷官傷官格，財官兩見始為歡。水木傷官無火（財星）難為富造，故只貴不富。

冼冠生命造

	日		
戊	庚	癸	戊
寅	寅	亥	子

冼君赤手創辦冠生園，範圍由狹而廣，所製糖果餅乾，暢銷遐邇，挽回國家漏卮，不可勝計。壬辰春月，冼氏因糖尿、疝氣，舊病齊發，又受「五反」之刺激，跳樓自殺。三十年來，冼君與余時相過從，余早勸其六十歲必須卸肩，摒棄一切，以資休養。乃為環境所不許，而死於非命，余曾為文悼之，中有「欲做清閒瀟洒事，無奈身在煩惱中。」蓋寫其開闢漕河涇農場，即為晚年休憩之餘地，卒不能如願以償。

世之名成利就，欲享幾年清閒之福，而不可得者多矣。羅洪光醒世詩云：「衣食無虧便好休，人生世上一蜉蝣。石崇未享千年富，韓信空成十面謀。」旨哉言乎！

按：冼君命造：戊子、癸亥、庚寅、戊寅。初冬庚金，困於水木，幸有時上戊土幫身，宜其毅力勝人，思想銳敏，早運泰半屬火，生土而暖金，故如枯苗得雨，勃然而興。

又如疾風勁草。再接再厲。迨交戊土運，雄飛雲天，更見卓然。六十五歲壬辰年，大水泛濫，土漂金沉，竟爾不祿。

柯南評註：

此為從兒格之命，只要吾兒又見兒（財星），故此為大富的生意人命格。

許世英命造

癸	辛	日 乙	辛
酉	酉	丑	巳

不見許公久矣。台友來港，謂公清健如恒，彌慰下懷。按其命造：癸酉、辛酉、乙丑、辛巳。乙木凋零，四柱純金。識者咸以從殺格推之。不知年頭癸水進氣，洩金生木，乙有根原，不能從殺，應作身弱用印，以化其殺。否則午丁巳丙四步火運，制殺最力，為從格所大忌，烏得穩度谷關，且屢膺重任耶。

乙卯甲寅廿載木運，位居閣揆，霖雨蒼生，更徵身弱喜劫比之說，為可信矣。夫眾殺猖狂，一仁可化，宜其清廉自牧，福壽延綿。晚來大都水運，退守之年，在野之身，仍以文章經濟，見重於時。

柯南評註：

殺印相生，功名顯赫。金旺合局剋日，故取天干癸水為用神化殺，格成殺印相生。

四大名旦命造

客有詢京劇四大名旦之八字。請一一論之。

梅蘭芳			
		日	
甲	甲	丁	癸
午	戌	酉	卯

梅蘭芳造：甲午、甲戌、丁酉、癸卯。殺印並透，酉財傍戌，原為富貴兩全之命。余在廿七年前，編有千里命稿，批其「不以伶官終其身」，旋在北京，仍為伶王，亦於政壇之中，炙手可熱也。（註：巨星梅艷芳之命為癸卯、壬戌、丙戌、丁酉，讀者可作比較。）

尚小雲

	日		
癸	丙	乙	戊
巳	戌	丑	戌

荀慧生

	日		
乙	戊	丙	己
卯	寅	子	亥

尚小雲造：戊戌、乙丑、丙戌、癸巳。癸水出干，惜乎戊土挫之，土重困癸，僅為名伶而已，時下歸祿通根，所以子女皆能演戲，克紹箕裘焉。

荀慧生造：己亥、丙子、戊寅、乙卯。水旺土囚，幸有丙火透出，凍土回溫。更妙乙木正官，得祿旺於寅卯，乃木火土生生不息，其貴氣即在於此耳。

程硯秋

	日		
癸	丁	甲	癸
卯	酉	子	卯

程硯秋造：癸卯、甲子、丁酉、癸卯。殺重印化，故有創造之魄力，卓然成為一家。病在酉金，不善理財，一度退休務農，毫無所獲。迨再作馮婦，已不若昔日之盛矣。死於戊戌春月，蓋土重如崩，戊癸、卯戌，重重妒合，若春不駕鶴，則夏必騎箕。

柯南評註：

名旦／藝人之名，多為命格有缺失之中等命格。丙火缺壬水，甲木缺庚金等。用假終為碌碌人（常人），在現代社會的價值觀未必為壞命，唯欠功名矣。

張大千命造

	日		
甲	戊	己	己
寅	寅	巳	亥

大千先生，奇才也，亦奇人也。畫追秦漢，創造力且過之，豈非奇才歟，丹青臻於化境，中外名人，競以黃金求寸縑，乃財富出自腕下，卻又視如糞土，而懶於作畫，生活之享受，畢生豪華，實財之掌握，一世匱乏，豈非奇人歟。

視其命造：己亥、己巳、戊寅、甲寅。則又無所謂奇矣，秉賦固然耳。按建祿，殺重，毅力過人。中行亥子丑水運，名震全球。原局財星無氣，不過生活裕如而已。若非出生西蜀，或竟一貧如洗矣。六十一歲行壬戌大運，壬坐於戌，可憾之至，蓋聲譽更盛，財如活水源頭，來龍活潑，但仍未必能厚積聚耳。

柯南評註：殺重之命多為勞碌辛苦之命，眾殺猖狂，一仁可化！（用神為月令巳火，令上尋真聚得真。）

四位女星命造

李麗華			
	日		
戊	戊	壬	甲
午	辰	申	子

鍾情			
	日		
丙	丁	辛	癸
午	丑	酉	酉

李麗華造：甲子、壬申、戊辰、戊午。金水雙清，其人如玉，日時拱祿，藝事精湛。財成局，日主任之，潤屋潤身。早運愛河多恨，迨交己巳而還，火土生扶，身自爽而財自饒。戊運戊年，室家有托，但與日元比沖，恐其有喜有嗔耳。

鍾情造：癸酉、辛酉、丁丑、丙午。財旺而日元有氣，火無木資，總喜生扶，所以早年欲達不達，直至癸亥運木火流年，乃躍然而起。今後木火運程接軫，晶晶有光，洋洋得意，蓋方興未艾焉。

葛蘭

時	日	月	年
	日		
丙	戊	辛	癸
辰	寅	酉	酉

張仲文

時	日	月	年
	日		
辛	戊	甲	己
酉	戌	戌	巳

葛蘭造：癸酉、辛酉、戊寅、丙辰。與鍾情造相差一天，而作風迥異，良以戊土坐於長生，又得丙辰時一印一比，身旺堪任盜洩，多才多藝，智者好動。大運自癸亥以還，出谷新聲，不同凡響。迨行木運，非但名利出人頭地，抑且護花有主，瑟好無尤。

張仲文造：己巳、甲戌、戊戌、辛酉。戊戌魁罡，當令於九月，所妙時上辛酉，秀氣發洩，健美一如其人。丁丑大運，丁來溫金，丑會金局，鋒芒畢露宜矣。美景如花，勉哉！

柯南評註：

女星之造與普通商人之命格級數相等，故此多為食傷財旺，而命中欠缺真神之扶助。格局有缺失，雖存濁氣亦中式。

廖寶珊與馬錦燦命造

廖寶珊			
	日		
乙	甲	己	甲
巳	申	亥	戌

馬錦燦			
	日		
己	乙	庚	乙
酉	亥	辰	酉

廖馬兩氏皆潮州人，潮商在泰、星、港、九等地，發財千百萬者，不在少數，廖與馬，其尤著者也。

廖造：乙巳、甲申、己亥、甲戌。乙木透出，時非土令，絕無化土之理，夫又官殺重疊，原屬平淡無奇，乃運行辰、巳。辰為沖開財庫，己則合官留殺，扶搖直上，點石成金，可見機緣之輻輳，全賴乎運會耳。卯運七殺猖獗，若不死於辛丑年，乃必死於癸卯年。

馬造：己酉、乙亥、庚辰、乙酉。夫金水澄清，生財無市氣，談笑有春風，惟寒金不喜濕土，己、辰，皆為閒神，僅賴兩酉之助，妙哉，運行辛、未、庚、午，金火相映，蔚然大成。己運，精彩在於丙午丁未兩年。巳運，末年六十三歲辛亥，諸事不宜矣。馬君亦諳子平之學，深以余言為然。

柯南評註：

廖造用神應為巳火，傷官配印格。而馬造用月令之食神，氣聚結局。金水傷官見喜官。行火運為水火既濟之象。

郭贊命造

甲	甲	日 丁	壬
辰	戌	亥	寅

郭議員贊，為港九人士謀福利，豐功偉績，不可勝數。余在滬之時，已聞其名。比荷謬採虛聲，挽人推算其命造：甲辰、甲戌、丁亥、壬寅。夫丁火退氣於戌月，而為旺土所困，幸有甲木雙透，為膏油之資，並以疏土，乃又官印交互得祿，宜其富貴絕倫。觀乎世第簪纓，祖澤綿遠，更信年月兩印之可貴矣。或謂庚運剋甲，應有不利。殊不知甲寅林林總總，何懼一庚，且庚金劈甲，正好生丁，為萬家生佛，為蒼生霖雨，乃方興而未艾，亦為我旅港黎庶，跂予望焉。

柯南評註：

丁火戌月用甲木，此造類似孫中山先生之命，故為人品敦厚，建業於政界。

蔣介石、孔祥熙、宋子文命造

蔣介石			
	日		
丁	庚	己	庚
亥	戌	巳	午

報載蔣總統與孔祥熙、宋子文，在台南作不尋常之會談。所談何事，非我亟欲知者。爰就三公命造，簡單論之。蔣造：丁亥、庚戌、己巳：庚年。旺土喜洩，兩庚吐秀。更妙戌中火土金三者齊透，發為浩然之氣，行建不世之功。心憂天下，身繫安危。一生內外俱勞，而能屹立不移，始終不衰者，豈偶然哉。

		孔祥熙	
		日	
庚	乙	癸	庚
辰	酉	卯	申

孔造：庚辰、乙酉、癸卯、庚申。全局俱印，即繼善篇所謂：「獨水三犯庚辛，號曰體全之象」。最喜金木順其氣勢，是以中行一派金木之運，富貴各臻其極。晚運比劫旺地，歲月亦足優遊。

		宋子文	
		日	
甲	乙	庚	己
午	亥	辰	卯

宋造：甲午、乙亥、庚辰、己卯。精華所在，亥中食神得祿，午中正官得祿，卯中財星得祿也。乙庚作合，財來就我，甲己遙合，去妬為生。自卯運起，一路好風送帆。至辛運與乙木用神相沖，乃出國養晦，可謂知命者矣。竊以今後運途，仍宜恬淡處之。

柯南評註：

三造只有蔣介石之造為真神得用平生貴，其餘兩造均有缺失，故屬中等之命，均曾任中華民國行政院長。

朱家驊命造

朱家驊先生，逝世已一週年。香港蘇浙同鄉會，舉行追悼。當日素車白馬，備極哀榮。按朱氏命造：癸巳、丁巳、丁卯、丙午。旺火成象，癸水為病，但巳中庚金生癸，無法去之，反而用之。運行乙、卯、甲、寅，其情輸火，春風化雨，樂育英才。癸、丑、壬、子，用神得所，由教育而交通，榮膺顯要。主持中央研究院達十八年之久，苦心擘劃，供獻良多。辛亥連戊戌年，合殺晦火，已如弩末，七十歲壬寅年，火勢大張，遽爾不祿。非但親友痛悼，抑亦國家之損失也。

癸	丁	日 丁	丙
巳	巳	卯	午

柯南評註：

此造屬丙奪丁光格，用神為癸水。而非坊間所批的假專旺格……

何應欽命造

庚	己	日 癸	戊
寅	卯	丑	午

何造：庚寅、己卯、癸丑、戊午。春水休，春木旺，日元癸水，不勝寅卯之洩。所幸庚金透天，通根於丑。己乃濕土，原可生金。戊癸作合，官來就我。尤喜出生西南，加以運行木金，遂使水向東流，源遠流長。酉運中一度拜相組閣，庚金得旺之故也。丙運以還，落落寞寞矣。按午時為癸水之絕地，子息稍艱。然而奇花獨秀，亦足以安享晚年耳。

柯南評註：

水木傷官用金，格成傷官配印。貴為前中華民國國防部長。

鍾森命造

時	日	月	年
	日		
甲	辛	辛	丁
午	亥	亥	未

壬寅冬月，旅遊怡保，蒙礦業大王鍾森先生，款待優渥，感謝莫名。余視其命造：丁未、辛亥、辛亥、甲午。寒金有兩未資生，甲丁溫暖，應有過人之魄力，非常之成功。五十三歲己亥以還，一路北方流年，雖非前功盡棄，但甚支絀。今年癸卯，明年甲辰，聊勝一籌。五九乙巳，六十丙午，六一丁未，將又浩浩蕩蕩，大獲全勝矣。鍾先生赤手起創偉業，失不意餒，得反虛心。財之來去如潮，皆非預料所及，生平耗於公益事業者尤多，余謂其奇富奇窮。有一印度星相家，所說與余不謀而合，中西哲理，雖非一轍，卻又異途而同歸也。

柯南評註：

此為從財格，故為礦業大王之富命。

孫傳芳命造

年	運			日	
戊	丙	乙	庚	壬	戊
辰	子	酉	辰	寅	申

孫氏曾任五省聯軍總司令。嘗殺部下施仲濱，旋為施女劍翹行刺於天津佛教居士林。查其命造：乙酉、庚辰、壬寅、戊申。印綬三見，申辰水局，身旺有餘，辰宮七殺透出時干，寅申沖動驛馬，宜為疆帥矣。丙運去梟扶殺，樓台直上，子運全成水局，一敗塗地。四十四歲戊辰年，子辰再會，死於非命。夫壬寅日，戊申時，日時天尅地沖，按命而論，亦難善終，非僅因果報應之不爽也。

柯南評註：

此造之死亡原因為吉神太露，反起爭奪之風。用神丙火於大運透出，土多晦火，剋絕用神而夭壽。

曾國藩、左宗棠、彭玉麟命造

曾國藩			
辛	己	日 丙	己
未	亥	辰	亥

左宗棠			
壬	辛	日 丙	庚
申	亥	午	寅

胡照明先生，詢及曾、左、彭三公之命造。按曾國藩命：辛未、己亥、丙辰、己亥。傷官駕殺格，出將入相。亥未拱卯，化殺為印，尤見精神。

左宗棠命：壬申、辛亥、丙午、庚寅。丙火日坐陽刃，時落長生，壬殺得祿，殺刃兩停，取寅宮甲木為用。早年運行壬子癸丑，困頓。迨入甲寅乙卯，氣轉東南，封侯拜相。宜哉。

彭玉麟

丙	辛	戊（日）	癸
子	丑	子	丑

彭玉麟命：丙子、辛丑、戊子、癸丑。丑中辛癸並透，又見丙火出干，同宮聚氣，而得丙火真神為用。宜為千古人物，不僅一時顯達也。

柯南評註：

清代三公之命，可見於徐樂吾《古今名人命鑑》。

關羽命造

		日	
庚	甲	戊	庚
子	申	午	申

庚子、甲申、戊午、庚申。此為關聖帝君真造。三奇順布，四柱純陽，至大至剛，乃文乃武。其實精華所在，為一午火陽刃耳。查其簡歷。二十五歲與劉張桃園結義，共討黃巾及董卓，至三十八歲獨守下邳，蓋運行丁亥戊，與戊土日元，情致纏綿，是以蒸蒸日上也。子運沖午，歸曹操，劉表，挫折頻遭。己運合甲，適諸葛武侯出世，贊襄有人，帝亦蟄伏粗安。丑運為乙貴，攻無不克，戰無不勝。庚運都木火流年，故而坐鎮荊州，又有單刀赴讌之雄風。寅運沖申，六十歲歲逢己亥，遇害於麥城。

有謂帝造為四戊午者。查戊午乃靈帝「熹平」三年，是年芒種後，小暑前，並無戊午日，乃更安有戊午時耶。昔粵中某富家子，其命造為：戊午、戊午、戊午、戊午。人譽與關帝為同造，公侯可期。

子亦自詡不凡。迄後家道中落，賣卜江湖，偶遊黃鶴樓頭，遇一老道，為人論命，子往請益，老道振筆直書十六字予之，詞曰：「生在北方，拜相封王，生在南方，與我同行」。余以為老道之言，實有至理。蓋此命火炎土燥，一無可取，生在北方者，坎水潤其燥也，生在南方者，離火助其炎也。此亦足以說明命運與誕生地點，大有密切關係耳。

柯南評註：

關羽之造為戊土用甲木七殺，故為武將之命。一代豪傑盛於丁亥與戊子運（七殺格喜財生，大運重地支。）庚寅運己亥年，羈絆用神＋亡劫不宜真六合，被殺於麥城。

	許君		
	日		
甲	乙	甲	戊
申	亥	子	寅

	某君		
	日		
癸	癸	丙	丙
丑	丑	申	戌

許君命造：戊寅、甲子、乙亥、甲申。冬至後兩日，水泛木浮。寒木向陽，用取丙火傷官以生財。戊己兩運，財星主事，有聲社會。然而群劫爭財，何能致富，且也事業愈大，虧空愈多。此一世不得發財者也。

某君。謂其富，則貧病交迫，死無以殮。謂其貧，則又財如流水，窮奢極侈。其命造為：丙戌、丙申、癸丑、癸丑。癸水生於七月，金水相生，身旺用財，財星並透而通根，但水火相戰，無木通關。論其家世，出身華貴。親屬都顯達，仕途多奧援。歷當捐稅優差，計其所入，不下數十萬金，然金錢到手，立刻揮霍以盡，決不留存，所以差況雖優，常在窘鄉，交入亥運，水火相激，流年丁巳，刑沖俱備，觸電而亡。

唐子培先生

時	日	月	年
己	丙	己	丁
丑	午	酉	丑

丁丑、己酉、丙午、己丑。此無錫唐子培先生命造。火煉真金格，妙在兩己透出，通火金之氣，生成鉅富。上述許君造，雖交好運不會富。此則雖交劣運不會貧。蓋縱行比劫運，有傷官化之，反能生金，格局無破也。

某鉅商

時	日	月	年
丁	戊	癸	癸
巳	子	亥	酉

某鉅商造：癸酉、癸亥、戊子、丁巳。日祿歸時，財旺用劫。至己未、戊午、比劫運程，方始致富。夫年柱癸酉，傷官生財為忌，況又早運庚申辛酉，寒苦可知。此先貧後富之命也。

葉澄衷

	日		
壬	戊	癸	庚
子	寅	未	子

吳星垣

	日		
甲	乙	癸	己
申	丑	酉	巳

葉澄衷命造：庚子、癸未、戊寅、壬子。財旺用印，至印比之運而成鉅富。年逢庚子，食神生財，亦為忌神，象徵其早年必多困苦也。此與上造有一相同之點，即為財有餘力，交人好運之後，不僅自己致富，且能澤及旁人，隸其宇下者，亦都家肥屋潤耳。

吳星垣命造：己巳、癸酉、乙丑、甲申。乙木秋生，支全巳酉丑申，從殺無疑。但癸水透於月干，化殺生身，為全局之病，早年多挫折。迨運行戊土，合去癸水，大振旗鼓，清償舊債之外，又盈餘三十萬金。吳君經商之地，為安徽鄉僻小縣，有此成績，洵屬難能可貴。如在今時，涉跡海外，更必驚人矣。

盧少棠

丙	丁	己	戊
	日		
午	巳	未	辰

盧少棠命造：戊辰、己未、丁巳、丙午。四火四土，火炎土燥。最宜金洩土氣，水潤土燥。甲子乙丑北方運，商界爭雄，尤以乙丑十年，暗金濕土有情，乃其全盛時代。運行丙寅，旺極難繼，從此多事，而一敗塗地矣。此與前述程霖生之命造相仿，先富而後貧者也。

蔣驢子

丙	甲	庚	癸
	日		
寅	戌	申	未

蔣驢子命造：癸未、庚申、甲戌、丙寅。洪楊後南京第一富家。相傳蔣某早年趕驢運輸為生，曾國荃破南京，蔣代忠王李秀成輸送珠寶，李被擒，珠寶盡入蔣手，以此致富。至今南京人無不知有蔣驢子其人者，茲評其命。

夫年月金水，日時木火，各分門戶。月令偏官得祿，時支食神逢生，引歸財庫。甲日坐戌，為財來就我，生於立秋後五日，炎威未息，甲木雖得祿於寅，究嫌剋洩交加。至甲運助起日元，偏官食神，本來旺盛，皆可為我所有。命固不壞，運亦特佳耳。亂世時代，宜乎有此幸運兒也。

柯南評註：

如何從八字看貧富，柯南所著的《名偵探八字之命理一得》有詳細的論述。現簡略再註明：

看財富一般分為四類人：（一）終身大富貴；（二）窮命／破產命格；（三）先貧後富；（四）先富後貧。

以柯南的批命經驗，第二及第三類之命在現代社會極多，第一種的命格極為稀見。第四種多半是中晚年大運不滯，再投資失利而把昔日之盈餘通通清零。

徐樂吾命造

丙	壬	日丙	丙
戌	辰	申	申

徐樂吾命造：丙戌、壬辰、丙申、丙申。此造妻子兄弟奇驗。蓋申辰會局而透壬水。壬殺為子，金財為妻，既忌財生七殺，妻子皆不得力。時逢壬水長生，所以兩子兩女。日元坐財，又見時申，宜其兩妻。三丙並透，兄弟三人。通根於戌，故得祖蔭。莫非命也。

按近代研究命理，讀書最多，著作最富者，首推樂吾先生。其所註之《造化元鑰》一書，尤為驚人之作。甫經完稿，遽歸道山。幸稿留余處，將來當為付刊。關於先生之操行與學歷，亦將詳述於序文之中。余為後學，又屬同好，闡揚前賢傑作，固亦誼不容辭耳。先生自批其命造，已為一篇極好文章，茲先錄後，以餉讀者。

從前未解命理，請術者推算，或者以干透三朋，獨煞透清，謬以有為相許，或者以丙臨申位逢壬水，夭壽之徵，危言聳聽，余以其所言未能滿意，發心自己研究，始知術者之言，皆不相干。

天干三丙，通根戌庫，弱中之旺。三月火相，必須壬甲並透，蓋丙為太陽之火，不畏水剋，反喜其潤，若無壬水透出，必愚蠢下賤，而非現在之地位也。但用殺不可例言制，壬水通根於申，又得辰申相拱，獨殺頗強，丙臨申位絕地，雖通根戌庫，干得比助，決非其敵，必須用印以化之，四柱不見甲乙，此所以壯不能用，老無能為。年上干比支墓，所以出身世族，椿蔭早失，印綬不見，萱蔭亦不常。三比幫身，故弟兄三人，頗得互助之益。財滋殺為忌，土晦火亦非喜，故妻子均不得力。丙為太陽之火，四柱純陽，故性情燥急孤傲，落落難合也。行運癸水助殺，大病幾殆，幸坐巳火，轉危為安。十四歲失怙，家庭多故。巳運丙火得祿，讀書考試尚利，得列庠序。甲運偏印化煞，可惜局中木無根，雖出場甚利，置身政界，不能有所作為。午運丙火祿旺，值光復，諸事尚利。

乙運甲寅乙卯年，運歲均吉，再入政界，承上峰青睞，前途似有無限希望，亦以局中無根，虛花而已。未運燥土晦火，丙火不畏水剋，獨忌土之洩氣晦光，一病數年，精神萎頓。一交丙運，不藥而癒，比肩分財，雖無大利，然而幫身為吉。申運財來滋煞，流年壬申癸酉，遭一二八之變，幾乎傾家蕩產，尚幸丙火蓋頭，不致一敗塗地，無以立足。現尚在申運，雖流年尚利，未敢妄動也。將來丁運合壬化殺，在運為佳，然而年已五十外，老無能為，或者不致有衣食虞乎。酉運同申，而勢較緩，或不致再遭大變如一二八之役乎。戊運燥土晦火，壽元至此將終，如六十一不死，當至六十三四。

（按：樂吾先生，固以心臟病之不治，而死於六十三歲戊運戊子年。）

		日	
辛	辛	庚	庚
亥	卯	子	辰

辛亥、辛卯、庚子、庚辰。識者咸謂憾於無火。然春金固非當令，乏土之生，則且無根。縱天干庚辛林立，《子平真詮》云：「得三比肩，不如得一長生祿刃」，可見徒多比劫，而日元無氣，非是真強。矧又亥卯會成木局，子辰會成水局，水與木皆有挫於金乎。火能榮金，有火固可顯達，無火則一寒儒而已。然寒弱之金，逢微火當可得志，逢巨火則不勝其尅，或且因貴顯而惹禍殃。此孔子所謂「過猶不及」者是也。若云：水木兩局，財星甚旺，亦《滴天髓》所謂「何以其人富，財氣通門戶」者歟。無如身不任財，難免「富屋貧人」之譏，正合我今日之筆耕終朝，硯田枯澀者也。然則富貴皆無大望，我將永自韜養矣。嘗以身弱之命，與身強之命相較，同走好運，同處美境，而其速率與成份，大相懸殊，身強者每過於身弱者，此余屢試不爽，故益信拙造之身弱，恐終其身不過爾爾也。查行運。丑運尚屬順利，戊字更進一步，子運阨於病與酒色，因蓋頭屬戊，故無生命之危。丁運稍

濟，該運伏櫪。丙運頗著虛名。明年行戊運，更上層樓，有名或亦有利矣。乙運大不佳，當死於六十五歲乙卯年。

（按：千里先生，死於七十八歲甲申運之戊辰年。）

柯南感言

柯南落筆評註《千里命稿》與《呱呱集》之時，赫然發現《呱呱集》竟與韋公千里皆為癸卯年撰序出版，剛好是一個甲子，即一九六三年與二零二三年……不知道是天機還是巧合！

子平八字命學，常人未必習。習者未必通精。凡術數之書均留訣不留法或是留法不留訣。或是註文故意藏頭露尾（留一手），以致現今之術數研究員，因不得其訣而遂厭其書；不少古法術數亦因此失傳，令人惋惜。

星平之學雖為小道，而所系大焉。現代之術數觀察員多為業餘興趣，而大部份江湖術士亦為糊口之計，莫能深入探討箇中學理。故學術多為不精，學術不精，則信者寡。信者寡，則非分之營求愈熾。故此偷呃拐騙及學半年玄學速成班就印卡片，在現今香港真是隨處可見……

柯南評註之《千里命稿》共有一零七條命例，《呱呱集》之名人命造共有四十七篇文章。此為韋千里多本八字著作中，最多實戰批命手法之鉅著。望後學一書不厭百回讀，打開八字命理之大門！

癸卯年（二零二三年）孟春

南海 葉沛峰．柯南 香江

慧南堂八字系列 01
千里命稿附呱呱集

作者：韋千里
評註：葉沛峰．柯南
執行編輯：青森文化編輯組
設計：4res

紅投資有限公司（青森文化）
地址：香港灣仔道一三三號卓凌中心十一樓
出版計劃查詢電話：(852) 2540 7517
電郵：editor@red-publish.com
網址：http://www.red-publish.com

香港總經銷：聯合新零售（香港）有限公司
台灣總經銷：貿騰發賣股份有限公司
新北市中和區中正路 880 號 14 樓
(886) 2-8227-5988
http://www.namode.com

出版日期：二零二三年七月
圖書分類：八字命理
國際標準書號：978-988-8822-58-4
定價：港幣一百二十八元正／新台幣五百二十圓正